LE

SENS COMMUN,

OUVRAGE

ADRESSÉ AUX AMÉRICAINS,

Et dans lequel on traite de l'origine & de l'objet du Gouvernement, de la Constitution Anglaise, de la Monarchie héréditaire, & de la situation de l'Amérique Septentrionale.

Traduit de l'Anglais de Th. PAYNE, Auteur des *droits de l'homme* & d'une *lettre à* G. *Th.* RAYNAL.

X

On trouve chez л. ратлг , *fils , imprimeur, rue de l'Her-*
mine , n°. 792.

Correspondance de Rennes à l'Assemblée Nationale , & Journal
des cinq Départemens de la ci-devant Bretagne ; ouvrage contenant les travaux de l'Assemblée-Constituante, depuis le
30 Mai 1789 , jusqu'au 30 Septembre 1791 ; & de plus , les
faits principaux , les Anecdotes remarquables , les nominations
importantes qui ont eu lieu dans cette intéressante partie de
l'Empire Français ; 12 vol. avec tables , demi-rel. propre, 60 l.

La suite de ce Journal , jusqu'à ce jour , 3 liv. par mois.

On continue cet intéressant ouvrage, & l'on reçoit des abonnemens au commencement de chaque mois, à raison de 45 s. pour la Ville, & 3 l. franc
par la poste.

Recueil complet des Loix de l'Assemblée-Constituante , accep-
tés ou sanctionnés , & promulguées , avec tables alphabéti-
ques , 9 vol. 8°. brochés (le neuvième sous presse.)   48 l.

Code de la Justice de Paix , 2 vol. 8°. brochés ,   5 8

Code du Tribunal de Famille , 1 vol. 8°. broché ,   1 16

Code de Police , contenant d'une part , le texte pur & correct
des nouvelles Loix sur la Police Municipale, correctionnelle,
rurale , criminelle ou de sûreté ; & de l'autre , une instruction pratique sur l'exécution de ces Loix , avec des modèles
de tous les actes y relatifs , 1 vol. 8°., broché ,   2 8

Cet ouvrage est indispensable à tous les Officiers Municipaux.
Juges de Paix , Assesseurs & hommes de Loi du Royaume.

Code Criminel , contenant la Loi sur la Police de Sûreté , le
Code Pénal , & la Loi en forme d'instruction sur la Procédure
Criminelle , 1 vol. 8°. broché ,   2 5

Ouvrage indispensable à tous les Juges , Jurés & Citoyens actifs
du Royaume.

Code de la Gendarmerie Nationale , contenant l'ensemble des
divers Décrets relatifs à l'organisation , aux fonctions & à la
discipline de la Gendarmerie Nationale , & autres qu'il importe aux Membres de ce corps de connoître particulièrement;
avec une Instruction-pratique sur l'exécution de ces Décrets,
contenant la formule de tous les actes qui peuvent être à rédiger en conséquence : nouvelle édition , augmentée de toutes les Loix rendues sur cette partie, jusqu'à ce jour , 1 vol. 8°,

Manuel des Jurés , ou Code complet des Loix concernant les
Jurés , classés dans un ordre méthodique , & accompagnées
d'instructions propres à en faire connoître l'esprit , à en faciliter l'intelligence & l'exécution , 1 vol. 8°. 1 liv.

Liste des députés à la convention nationale , par ordre alpha-
bétique de leur département & par ordre de leurs noms ,
avec l'indication exacte de leur domicile à paris ; suivie de la
liste de ceux qui composoient les 21 comités de l'assemblée,
des suppléans , leurs départemens & demeures , in-16.

INTRODUCTION.

LES opinions que renferme cet écrit ne sont peut-être pas encore assez à la mode pour être généralement accueillies ; lorsqu'on est accoutumé depuis long-temps à ne pas regarder une chose comme injuste, elle acquiert une apparence superficielle de vérité, & de tous côtés s'élève un cri en faveur de l'habitude ; mais bientôt ce tumulte cesse. Le temps fait plus de prosélytes que la raison.

Comme, en général un long & violent abus de l'autorité conduit à en examiner les bases, (& cela par rapport à des objets auxquels on n'eût jamais pensé si une inquisition sévère n'eût multiplié ses victimes,) comme le roi d'angleterre a entrepris, sur la foi de sa prérogative, de soutenir le parlement dans ce qu'il appelle ses droits, & comme la nation trop indulgente est cruellement opprimée par cette coalition, elle est indubitablement fondée à scruter les prétentions de l'un & de l'autre, & à rejetter également la tyrannie de tous les deux.

L'auteur de cet ouvrage a soigneusement évité toute personnalité. On n'y trouvera ni censures ni complimens individuels. Les sages, les gens de mérite, n'ont pas besoin des honneurs d'un pamphlet, & ceux dont les sentimens sont absurdes ou contraires aux intérêts de la patrie, s'arrêteront d'eux-mêmes, à moins que l'on ne se donne trop de peine pour les convertir.

La cause de l'amérique, est à beaucoup d'égards, celle du genre humain. Son histoire offre & offrira plusieurs circonstances qui ne sont pas locales, mais universelles, qui parlent au cœur de tous les amis des hommes, & dont l'issue intéresse leurs affections. Pour peu que l'on ait de sensibilité, on ne peut voir avec indifférence des barbares porter le fer & la flamme dans un pays, déclarer la guerre à tous les privilèges de l'humanité, & faire disparoître ses défenseurs de la surface de la terre ; voilà à quelle classe honorable je me fais gloire d'appartenir, sans m'embarrasser de la désapprobation de tel ou tel parti.

On a différé de mettre au jour cette nouvelle édition, pour se ménager la facilité de connoître les moyens de ceux qui auroient entrepris de réfuter la doctrine de l'indépendance, s'il y avoit lieu ; comme il n'a point encore paru de réponse au *sens - commun*, l'on présume qu'il n'en paroîtra point, le temps nécessaire pour le combattre étant passé, & au-delà.

Philadelphie, le 14 février 1776.

LE SENS COMMUN.

De l'origine & de l'objet du Gouvernement, considéré en g'néral. — Remarques sur la Constitution Angla.se.

QUELQUES écrivains ont .tellement confondu le gouvernement avec la société, qu'ils n'ont laissé entre ces deux objets qu'une nuance très-foible, ou tout-à-fait nulle, tandis qu'ils diffèrent beaucoup, non-seulement par leur nature, mais encore par leur origine. La société est le résultat de nos besoins ; le gouvernement est celui de notre perversité. La première effectue notre bonheur d'une manière positive, en réunissant nos affections; le second y contribue négativement, parce qu'il réprime nos vices. L'une encourage les communications mutuelles ; l'autre établit des distinctions. La première protège ; le second punit.

L'état social est un bien dans toutes les hypothèses. Le gouvernement, dans sa perfection même, n'est qu'un mal nécessaire ; dans son imperfection, c'est un mal insupportable ; car, lorsque, sous un gouvernement quelconque, nous souffrons, ou nous sommes exposés à souffrir les mêmes calamités, que nous aurions lieu d'attendre dans un pays où il n'y a point de gouvernement, nous sentons notre misère s'accroître, en songeant que nous-mêmes fournissons les moyens dont on se sert contre nous. Le gouvernement, comme la parure, indique la perte de l'innocence ; les palais des rois sont bâtis sur les ruines du jardin de délices. En effet, si les mouvemens de la conscience étoient

clairs & uniformes, s'il étoit impossible de leur ré-
sister, tout autre législateur seroit inutile. Les
choses n'étant point ainsi, l'homme sent qu'il est
nécessaire de céder une partie de sa propriété pour
s'assurer la jouissance du reste ; & cette résolution
est le fruit de la même prudence qui, de deux
maux, l'engage à choisir le moindre. Ainsi, la
sûreté étant le véritable objet du gouvernement, il
s'ensuit nécessairement que le mode de gouvernement, préférable à tout autre, est celui qui nous
la garantit avec le moins de frais & le plus d'a-
vantage.

Pour avoir une idée juste & lumineuse de l'objet du gouvernement, supposons un petit nombre
d'hommes établis dans un coin isolé de la terre,
sans aucune relation avec le reste de leurs semblables, nous aurons l'image précise de la situation
primitive des peuples. Dans cet état de liberté naturelle, les premières pensées se tourneront vers la
société ; mille motifs leur feront prendre cette direction. La force de l'homme est si peu proportionnée
à ses besoins, la nature l'a si peu fait pour une so-
litude continuelle, qu'il est bientôt forcé d'avoir
recours à l'appui d'un autre qui, à son tour, im-
plore le sien. Quatre ou cinq individus réunis
pourront élever dans un désert une habitation sup-
portable, tandis que, seul, un homme travaille-
roit toute sa vie sans rien finir. Il a coupé le bois
dont il a besoin, mais il ne peut le changer de
place ; s'il est venu à bout de le transporter, il
ne peut le faire tenir debout ; & pendant qu'il
est ainsi occupé, la faim le tourmente, une
multitude de besoins différens l'appellent chacun
de leur côté. La maladie, même un léger revers
sont pour lui des accidens mortels. Car l'un ou
l'autre, dussent-ils ne pas le conduire au tom-
beau, le mettroient hors d'état de trouver sa sub-

sistance , & le réduiroient à une situation, où l'on pourroit dire de lui qu'il s'éteint plutôt qu'il ne meurt.

Ainsi la nécessité , irrésistible comme la loi de la gravitation , formeroit bientôt en société notre peuplade ; & les douceurs mutuelles de cet état compenseroient avec usure les obligations des loix & du gouvernement, tant que la justice présideroit à l'accord de ses membres. Mais comme , excepté le ciel , rien n'est à l'abri des atteintes du vice , par une indispensable fatalité , ils se relâcheroient de leur attachement primitif, à mesure qu'ils surmonteroient les premières difficultés du changement de séjour , difficultés qui les auroient unis dans l'origine. De-là le besoin urgent d'établir une forme de gouvernement qui supplée au défaut des vertus morales.

Un arbre touffu leur présente un emplacement convenable pour une salle publique ; & sous ses branches toute la colonie s'assemble afin de délibérer sur les affaires générales. Il est plus que probable que ses premières loix n'auront d'autre titre que celui de réglemens, & que la mésestime générale sera l'unique châtiment de quiconque osera les enfreindre. Chacun aura naturellement droit de séance dans ce premier parlement.

Mais la colonie s'accroît, les affaires croissent en proportion ; les membres de l'état sont plus disséminés , & l'éloignement de plusieurs ne leur permet pas de se réunir à tout propos comme au temps où leur nombre étoit peu considérable, où leurs habitations se touchoient, où les affaires n'étoient ni importantes ni multipliées. On s'apperçoit qu'il est avantageux de laisser le pouvoir législatif entre les mains d'un certain nombre de représentans choisis dans le sein de la communauté ; on leur suppose les mêmes intérêts qu'à leurs commettans ; & l'on se flatte qu'ils agiront comme ceux-ci pourroient agir s'ils étoient tous présens. Cependant la colonie continue de s'accccroître ; il devient nécessaire d'augmenter le nombre des réprésentans, & , pour qu'ils fassent une égale attention aux intérêts de chaque portion de la colonie, on juge à propos de la partager en un certain nombre de divisions, dont chacune envoie à l'assemblée générale un nombre de représentans proportionné à son étendue. De peur que ceux-ci ne séparent leurs intérêts de ceux qui les choisissent, la prudence fait sentir la nécessité des élections fréquentes, parce que les personnes élues, retournant, dans un court espace, se confondre avec la masse des électeurs, ceux - ci ont pour garant de leur fidélité au vœu général, la crainte où ils seront de donner des armes contre eux-mêmes ; & , comme ces changemens réitérés établiront un même intérêt dans chaque partie de la communauté, il en résultera qu'elles se prêteront sans effort un secours mutuel, résultat fondamental, d'où dépend la force du gouvernement & le bonheur de ceux qui sont gouvernés, ce qu'on attendroit en vain du titre insignifiant de roi.

Voilà donc l'origine & les progrès du gouvernement. C'est un supplément nécessaire à l'insuffisance de la morale. Voilà aussi son but ; savoir, la liberté & la sûreté. Et, de quelque splendeur que nos yeux soient éblouis, de quelques mots sonores que nos oreilles soient chatouillés ; quelque préjugé qui égare nos desirs, quelqu'intérêt qui obscurcisse notre jugement, la simple voix de la nature & de la raison proclamera la justice de ces apperçus.

L'idée que je me fais du gouvernement est puisée dans un principe que la nature a consacré, & contre lequel échoue l'art des sophistes. C'est que plus une chose est simple, moins elle est sujette à se désorganiser, plus elle se répare aisément lors-

qu'elle

qu'elle en a besoin. Les yeux fixés sur cet axiome, je vais hasarder quelques remarques sur la constitution si vantée de la grande-bretagne. J'avoue que c'étoit une noble entreprise pour les siècles de ténèbres & d'esclavage où elle fut formée. Quand l'univers étoit courbé sous le joug de la tyrannie, il y avoit une audace généreuse à diminuer quelque peu son autorité. Mais il est aisé de démontrer que cette constitution est imparfaite, exposée à des convulsions terribles, & incapable de tenir ce qu'elle semble promettre.

Les gouvernemens absolus, quoiqu'ils soient l'opprobre de la nature humaine, ont au moins l'avantage de la simplicité. Si le peuple souffre, il sait d'où vient son infortune ; il en connoît aussi le remède, & n'a point devant lui, pour s'égarer, un dédale effrayant de causes toujours actives, & d'améliorations toujours illusoires. Mais la constitution anglaise est si excessivement compliquée, que la nation peut souffrir pendant une longue suite d'années, sans être à portée de découvrir où gît le mal. Ceux-ci prétendent le voir dans telle partie de la constitution, ceux-là dans telle autre ; & autant il se rencontre de médecins politiques, autant de divers antidotes nous sont présentés.

Je sais qu'il est difficile de vaincre des préjugés locaux ou enracinés depuis long-temps. Si toutefois nous osons nous permettre d'examiner la constitution anglaise dans ses parties intégrantes, nous n'y verrons que les méprisables restes de deux tyrannies anciennes, récemment combinés avec quelques matériaux de républicanisme.

Elle offre, en premier lieu, les restes de la tyrannie monarchique dans la personne du roi.

Secondement, les restes de la tyrannie aristocratique dans la personne des pairs.

Y

Troisiémement, les matériaux modernes du ré-publicanisme dans les membres des communes , sur la vertu desquels repose la liberté de l'angle-terre.

De ces trois pouvoirs, les deux premiers , à titre d'héréditaires , sont indépendans du peuple. Ainsi, dans le sens constitutionnel, ils ne contribuent en rien à la liberté de l'état.

Dire que la constitution anglaise est l'union de trois pouvoirs qui se font réciproquement obstacle , est dire une absurdité. Ou ce propos est insignifiant, ou il ne présente que des idées contradictoires.

En disant que les communes répriment l'autorité royale , on présuppose d'abord qu'il ne faut rien confier au roi, sans avoir l'œil sur ses actions, ou , en d'autres termes, que le desir du pouvoir absolu est un mal nécessairement attaché à la monarchie ; 2°. que les communes étant chargées de ce soin, sont ou plus sages , ou plus dignes de confiance que le premier magistrat.

Mais comme la même constitution qui donne aux communes le pouvoir de réprimer l'autorité royale en lui refusant les subsides, donne au roi le pouvoir d'arrêter l'action des communes , en lui donnant celui de rejeter leurs autres bills, elle suppose en même-temps que le roi est plus sage que ceux qu'elle a supposés plus sages que lui : or, n'est-ce pas là une véritable absurdité ?

Il y a quelque chose de singulièrement ridicule dans la composition de la monarchie ; elle commence par ôter à un homme les moyens de s'instruire, & cependant elle l'autorise à agir dans des circonstances où il faut toute la maturité du jugement. L'état d'un roi, le séquestre du monde, & cependant les fonctions d'un roi exigent qu'il le connoisse à fond ; d'où je conclus que les diverses parties de ce tout mal ordonné ne cessant de se contrarier & de s'entre détruire , prouvent qu'il est aussi extravagant qu'inutile.

Des auteurs ont ainsi développé la constitution anglaise. Le roi, disent-ils, est un pouvoir, le peuple en est un autre : la chambre des pairs est établie pour venir au secours du roi ; les communes pour venir au secours du peuple. Mais cette définition présente tous les disparates d'une assemblée où règne la discorde ; les expressions ont beau séduire par leur arrangement, à l'examen elles paroissent oiseuses & ambigues. Dans quelque matière que ce puisse être, les mots arrangés avec toute l'exactitude dont leur construction est susceptible, si on les applique à la description d'une chose impossible, ou trop difficile à saisir pour se prêter à la définition, seront purement des mots sans idée, & quoiqu'ils amusent l'oreille, ils n'apprendront rien à l'esprit. Ici la prétendue explication que je viens de rapporter embrasse, sans le résoudre, un premier problême. D'où le monarque tient-il une autorité à laquelle le peuple n'ose avoir confiance, & qu'il est toujours obligé de réprimer ? Un peuple sage n'a pu faire un pareil don, & tout pouvoir qui a besoin d'être réprimé, ne sauroit venir de dieu. Cependant les mesures préservatives qui entrent dans la constitution, supposent l'existence d'un pouvoir de ce genre.

Mais ces préservatifs sont trop foibles pour leur destination ; les moyens sont hors d'état de répondre à la fin proposée, & tout cet échafaudage tombe de lui-même. Comme un poids plus fort entraîne toujours un moindre poids, & comme toutes les roues d'une machine sont mises en mouvement par une seule, tout ce qu'il reste à savoir, c'est quel est dans la constitution le pouvoir qui a le plus d'influence, car c'est lui qui gouvernera, & quoique les autres ou quelques-unes de leurs parties embarrassent, ou, comme on dit, répriment la rapidité de son mouvement, aussi long-temps qu'ils ne peuvent l'arrêter, leurs efforts sont infructueux : le ressort principal aura enfin le dessus, & le temps le dédommagera de ce qu'il aura perdu quant à la célérité.

Il n'est pas besoin d'énoncer que la couronne est, dans la constitution anglaise, ce pouvoir prédominant ; un autre fait qui saute aux yeux, c'est que tout son ascendant lui vient de la distribution des pensions & des places. Ainsi, quoique nous ayons eu la prudence de fermer une porte à la monarchie absolue, nous avons eu en même-temps la simplicité d'en donner la clef au pouvoir exécutif.

L'orgueil national a autant ou même plus de part que la raison au préjugé des anglais en faveur de leur gouvernement, composé de rois, de lords & de communes. Véritablement la sûreté individuelle existe en angleterre plus que dans quelques autres pays ; mais la volonté royale y forme la loi tout comme en france. (1) La seule différence, c'est qu'au lieu de sortir directement de sa bouche, elle est transmise au peuple sous la forme plus imposante d'un acte du parlement. Le sort de charles premier a rendu les rois plus rusés, mais il ne les a pas rendus plus justes.

Laissant donc de côté tout orgueil national & tout préjugé en faveur des modes & des formes, il est de vérité constante que, si la couronne n'est pas oppressive comme en turquie, nous sommes redevables de cet avantage à la constitution du peuple, & non à celle du gouvernement.

A l'époque où nous sommes, il est infiniment nécessaire de rechercher les erreurs constitution-

---

(1) M. payne écrivoit ceci long-temps avant notre glorieuse révolution. *Note du trad.*

nelles du mode de gouvernement adopté par l'angleterre. En effet, de même que nous ne sommes jamais dans une position convenable pour rendre justice à autrui, tandis qu'une partialité dominante influe sur notre jugement, nous ne saurions nous la rendre à nous-mêmes, tant qu'un préjugé opiniâtre nous tient enchaînés ; & comme l'amant d'une prostituée n'est pas capable de choisir ou de juger une honnête femme, ainsi toute prevention en faveur d'une constitution vicieuse nous ôte la faculté d'en distinguer une bonne.

De la monarchie & de l'hérédité de la couronne.

Les hommes étant originairement égaux dans l'ordre de la création, cette égalité n'a pu être détruite que par des circonstances subséquentes. On peut, à beaucoup d'égards, mettre de ce nombre la distinction que dûrent établir les richesses & la pauvreté, & cela sans avoir recours aux termes durs & mal sonnans d'oppression & d'avarice. L'oppression est souvent la conséquence des richesses ; elle n'en est jamais ou presque jamais la source ; &, quoique l'avarice empêche un homme de tomber dans l'excès de l'indigence, elle lui inspire en général trop de timidité pour qu'il devienne opulent.

Mais il existe une autre distinction d'un ordre bien plus relevé, à laquelle on ne sauroit assigner de raison ni vraiment tirée de la nature, ni déduite de la réligion, c'est la distinction des hommes en rois & en sujets. Les sexes sont la distinction établie par la nature ; le ciel nous différentie par nos penchans bons ou mauvais ; mais comment une race d'hommes est-elle venue dans le monde avec une supériorité si éminente sur le reste

de ses semblables , & pour former une espèce nouvelle ? Ce problême est digne de notre attention ;
il ne l'est pas moins d'examiner si ces êtres privilé-
giés contribuent à l'infortune ou à la félicité du
genre humain.

Dans les premiers âges du monde, suivant la
chronologie de l'écriture , il n'y avoit point de
rois. Il s'ensuivoit naturellement qu'il n'y avoit point
de guerres. C'est l'orgueil des rois qui sème ici bas
la discorde. La hollande , exempte de rois, a joui
de plus de tranquillité dans ce siècle , qu'aucun
des gouvernemens monarchiques de l'europe. (1)
L'histoire de l'antiquité dépose en faveur de cette
observation ; car la vie tranquille & champêtre des
premiers patriarches offre une image de bonheur ,
qui s'évanouit lorsque nous passons aux annales
des rois juifs.

Les payens furent les premiers qui introduisirent
dans le monde le gouvernement monarchique ,
& les enfans d'israël le copièrent en ceci. Ce fut
l'imagination la plus heureuse que l'ennemi du
genre humain pût concevoir pour seconder les
progrès de l'idolâtrie. Les payens rendoient les
honneurs divins à leurs rois expirés , & l'univers
chrétien a renchéri sur cette belle idée , en faisant
la même chose pour ses rois vivans. Quelle impiété révoltante que d'appliquer le titre de sacrée
majesté à un vermisseau qui rampe dans la pous-
sière au milieu de sa splendeur.

Comme il est impossible de justifier, d'après le
droit naturel , dont l'égalité est la base, l'élé-
vation d'un homme si fort au-dessus des autres

_____

(1) Cette tranquillité a été troublée depuis peu ; mais cela
même confirme l'idée de m. payne. Les troubles intérieurs de
la hollande sont venus par la faute des rois , & de ce qu'on
avoit entrepris de lui en donner un. *Note du trad.*

hommes, il ne l'est pas moins de la défendre par l'autorité de l'écriture. Car la volonté du tout-puissant, déclarée par l'organe du prophète samuel & de gédéon, est expressément contraire au gouvernement des rois. Tous les passages anti-monarchiques de la bible ont été commentés avec adresse dans les monarchies, mais incontestablement ils méritent de fixer l'attention des pays dont le gouvernement n'est pas encore formé. Rend à césar ce qui est à césar, est la doctrine adoptée par les cours; cependant elle ne prête aucun appui au gouvernement monarchique; car, au tems où ces paroles furent prononcées, les juifs n'avoient point de roi; ils étoient en quelque sorte vassaux des romains.

Depuis la date de la création, suivant moyse, près de trois mille ans s'écoulèrent avant que toute la nation des juifs, égarée par un même vertige, demandât un roi. Jusqu'alors la forme de son gouvernement, excepté dans les cas extraordinaires où le tout-puissant se montroit, avoit été une espèce de république administrée par un juge & les vieillards des tribus. Elle n'avoit point de rois, & c'étoit pécher que de donner ce titre à qui que ce fût, hormis au dieu des armées. Et lorsqu'on réfléchit sérieusement à l'hommage idolâtre qu'on rend à la personne des rois, on n'est pas surpris que le tout-puissant, toujours jaloux de sa gloire, désapprouvât un mode de gouvernement qui usurpe avec tant d'impiété la prérogative du ciel.

La monarchie est rangée dans l'écriture parmi les péchés des juifs, pour lesquels un grand châtiment leur est réservé. L'histoire de cet égarement mérite une attention sérieuse.

Les enfans d'israël étant opprimés par les madianites, gédéon marcha contre ces ennemis, à la tête d'une petite armée, & graces à la céleste entremise, la victoire se déclara en sa faveur. Les juifs enflés de leur succès, & l'attribuant aux mérites de gédéon, lui proposèrent de le choisir pour roi, en lui disant : « Gouverne-nous, toi & ton fils, & les fils de ton fils. » Jamais tentation ne fut plus attrayante. Il ne s'agissoit pas seulement d'un royaume, mais d'un royaume héréditaire. Mais le pieux gédéon répondit : « Je ne vous gouvernerai point, mon fils ne vous gouvernera point non plus, dieu seul vous gouvernera. » C'étoit parler d'une manière assez précise. Gédéon ne refuse pas l'honneur qu'on lui offre ; il se contente de nier le droit qu'avoient ses compatriotes de le lui offrir. Il ne cherche pas non plus à les flatter par des remerciemens affectés; prenant le langage positif d'un prophète, il les accuse d'ingratitude envers leur vrai souverain, le roi du ciel.

Environ cent trente ans après, ils tombèrent encore dans la même faute. Il est singulièrement difficile d'expliquer le penchant qu'ils avoient pour les coutumes des idolâtres ; quoi qu'il en soit, profitant de la mauvaise conduite des deux fils de samuel, qui étoient chargés de quelques soins temporels, ils allèrent, sans préparation & en poussant des cris, trouver ce prophète, & lui dire : « Regarde, te voilà vieux, & tes fils ne suivent point ton exemple. Donne-nous un roi pour nous juger, comme en ont les autres peuples. » (Ici je ne peux m'empêcher d'observer que leurs motifs étoient répréhensibles ; ils vouloient être comme les autres nations ; c'est-à-dire, comme les payens, tandis que leur véritable gloire consistoit à leur ressembler le moins qu'il étoit possible.) Mais samuel fut choqué de les entendre dire : « Donne nous un roi pour nous juger. » Il pria le seigneur, & le seigneur lui dit : « Écoute la voix du peuple dans tout ce qu'il t'adresse ; car il ne t'a pas rejeté, il

n'a

n'a rejeté que moi en ne voulant pas que je règne
sur lui. Conformément à tout ce qu'ils ont fait
depuis que je les ai tirés de l'égypte , jusqu'à ce
jour , de même qu'ils m'ont abandonné , & qu'ils
ont servi d'autres dieux , ainsi font-ils à ton égard.
C'est pourquoi écoute-les , proteste solemnellement
contre leur résolution , & montre-leur la manière
d'agir du roi qui les gouvernera , (c'est-à-dire ,
non de tel ou tel roi , mais en général de tous les
rois des pays qu'israël étoit si empressé de copier.
Et , nonobstant la différence énorme des temps
& des usages , la peinture qu'en fit samuel est
encore ressemblante.) Samuel rapporta les paroles
du seigneur au peuple qui lui demandoit un roi ,
& il lui dit : « Telle sera la manière d'agir du roi qui
vous gouvernera ; il prendra vos fils , & les atta-
chera à son service personnel , à la conduite de
ses chars ; il en fera ses cavaliers , & quelques-
uns d'entre eux courront devant lui. (Tableau tout-
à-fait analogue à la méthode actuelle de la presse.)
Il les nommera capitaines de mille & de cinquante
hommes ; il leur fera cultiver ses terres , cueillir
sa moisson , fabriquer ses machines de guerre ,
& ce qui entre dans la composition de ses chars ,
& il prendra vos filles pour apprêter ses desserts ,
sa cuisine , & son pain. (Ce passage montre le luxe
& la vanité des rois aussi bien que leur tyrannie)
& il s'emparera de vos plus beaux vergers & de
vos meilleurs plants d'oliviers , pour les donner à
ses serviteurs , & il prendra la dîme de vos semences & de vos vignes , & les donnera à ses officiers
& à ses serviteurs (ceci nous montre qu'une prodi-
galité intéressée , la corruption & le goût pour les
favoris sont les vices permanens des rois) & il prendra le dixième de vos serviteurs & de vos servan-
tes , & vos jeunes gens les plus utiles & vos ânes
pour faire son ouvrage , & il prendra la dîme de

Z

votre bétail, & vous serez ses valets ; & alors vous gémirez à l'occasion du roi que vous aurez choisi, & le seigneur fermera l'oreille à vos gémissemens. »

Ces dernières paroles en trait à la continuation de la monarchie, & le peu de bons rois qui sont venus depuis n'ont ni sanctifié ce titre, ni effacé leur péché originel. Les grands éloges donnés à david ne lui sont point officiellement donnés comme à un roi, mais seulement comme à un homme selon le cœur de dieu. Néanmoins le peuple refusa d'obéir à la voix de samuel, & il lui dit : « Nous voulons avoir un roi, pour ressembler à toutes les nations, pour que notre roi nous juge, marche à notre tête, & combatte avec nous ! » Samuel continua de les raisonner, mais ce fut inutilement. Il leur représenta leur ingratitude ; tout ce qu'il put leur dire ne servit de rien ; & les voyant donner tête baissée dans leur égarement, il s'écria : « J'irai trouver le seigneur, & il enverra le tonnerre & la pluie, (ces fléaux étoient une punition à cette époque ; on étoit au moment de la récolte du froment) pour que vous voyiez l'énormité du crime que vous avez commis à la face du seigneur, en vous choisissant un roi. Samuel appella en effet le seigneur, & le seigneur envoya du tonnerre & de la pluie ; & tout le peuple trembla devant le seigneur & devant samuel, & tout le peuple dit à samuel : « Prie pour tes serviteurs le seigneur ton dieu, qu'il ne nous fasse pas mourir, car nous avons ajouté à nos péchés celui de demander un roi ». Ces textes de la bible sont directs & précis ; ils ne sont susceptibles d'aucune interprétation équivoque, ou l'écriture n'est qu'un tissu de faussetés : or, il est certain que le tout-puissant a dans ces passages formellement protesté contre le gouvernement monarchique ; & l'on a grande raison de croire que l'adresse des rois a autant contribué que celle des prêtres à dérober au public, dans les pays soumis au papisme, la connoissance de l'écriture sainte ; car dans toutes les circonstances, la monarchie est au gouvernement ce que le papisme est à la religion.

Ce n'étoit pas assez des maux de la monarchie ; nous y avons ajouté ceux de l'hérédité des couronnes ; & de même que la première est une dégradation de l'espèce humaine, la seconde, revendiquée à titre de droit, est une insulte & un mensonge faits à la postérité ; car tous les hommes étant originairement égaux, aucun d'eux ne sauroit tenir de sa naissance le droit d'assurer à ses descendans une préférence éternelle sur tous leurs semblables ; & supposé qu'un individu mérite de la part de ses contemporains quelques honneurs, renfermés dans les bornes de la décence, il peut se faire que ses descendans soient trop méprisables pour qu'ils leur soient transmis. L'une des plus fortes preuves que nous fournisse la nature, de l'absurdité du droit héréditaire de régner sur les hommes, c'est qu'elle le désapprouve ; autrement elle ne s'en feroit pas si souvent un jeu, en donnant aux états *un âne* à la place *d'un lyon.*

Secondement, ainsi que personne ne pouvoit dans le principe posséder d'autres honneurs que ceux qui lui étoient décernés, leurs dispensateurs n'avoient aucun titre pour disposer du droit de la postérité ; & quoiqu'il leur fût permis de dire : « Nous vous choisissons pour notre chef », ils ne pouvoient ajouter, sans se rendre coupables d'une injustice manifeste envers leurs descendans : » Vos enfans & vos petits-enfans régneront sur nous à jamais », parce qu'une transaction aussi extravagante, aussi injuste, aussi contraire à la nature, pouvoit, à la prochaine hérédité, les soumettre au gouvernement d'un scélérat, d'un sot.

Plusieurs sages, dans leurs opinions particulières,
ont toujours traité avec mépris l'hérédité de la couronne. Cependant c'est un de ces maux qu'il n'est
pas aisé de faire disparoître, lorsqu'il est une fois
établi. Un grand nombre se soumet par crainte, d'autre par superstition, & les plus puis-
sans partagent avec le roi le pillage du reste.

En parlant ainsi, je suppose à la race actuelle
des maîtres du monde une origine honorable, tandis qu'il est plus que probable que, s'il nous étoit
donné de lever le voile ténébreux de l'antiquité &
de les examiner à leur source, nous trouverions
que le premier d'entr'eux ne valoit guères mieux
que le principal brigand d'une troupe effrénée,
dont les mœurs sauvages ou la prééminence en fait de
subtilité lui obtinrent le titre de chef parmi les vo-
leurs ses camarades, & qui, en étendant son pouvoir & ses déprédations, força les hommes tranquilles
& sans défense à acheter leur sûreté par des contributions fréquentes. Cependant ceux qui l'avoient
élu ne pouvoient avoir l'idée de déférer à ses descendans un droit héréditaire, parce que cette ab-
négation perpétuelle d'eux-mêmes étoit incompati-
ble avec les principes de liberté & d'indépendance
dont ils faisoient profession. Par conséquent, dans
les premiers âges où il s'éleva des monarchies,
l'hérédité de la couronne ne put avoir lieu comme
un droit légitime, mais seulement comme l'effet
du hasard ou de la reconnoissance ; & comme les
registres publics étoient alors extrêmement rares,
ou qu'il n'y en avoit point du tout, & que l'histoire ne subsistant que dans la tradition, étoit souil-
lée de fables, rien ne fut plus aisé, après quelques
générations, que d'imaginer un conte mêlé de superstition, accommodé aux circonstances, à l'exemple de mahomet, pour inculquer dans l'esprit du
vulgaire la notion de ce prétendu droit. Peut-être

les désordres apparens ou réels que l'on avoit à craindre lors de la mort d'un chef & pendant l'élection d'un nouveau, (car parmi des scélérats les élections ne pouvoient pas être fort paisibles) engagèrent d'abord plusieurs individus à favoriser les prétentions à l'hérédité ; d'où il résulta, comme il est arrivé depuis, que l'on finit par revendiquer comme un droit ce qui n'avoit d'abord eu lieu que pour éviter un inconvénient.

L'angleterre, depuis la conquête, a eu quelques bons rois, en très-petit nombre, mais elle a gémi sous une multitude de rois pervers : encore, à moins d'avoir perdu le sens, n'oseroit-on pas avancer que leur droit sous guillaume-le-conquérant ait été d'un genre fort honorable. Compter pour premier ancêtre le bâtard d'un seigneur français qui débarque à la tête d'une troupe de bandits armés, & qui se constitue roi d'angleterre contre la volonté des anglais, c'est avoir une origine bien pitoyable & bien avilissante. A coup sûr la divinité ne jouoit point là de rôle. Quoi qu'il en soit, il est inutile de perdre le tems à démontrer la folie du droit héréditaire. S'il y a des gens assez foibles pour y croire, qu'ils adorent indistinctement les lions & les ânes, & grand bien leur fasse ! Je ne copierai jamais leur humilité, non plus que je ne troublerai leur dévotion.

Cependant je serois curieux de leur demander comment ils supposent que les rois furent établis dans l'origine. Cette question n'est susceptible que de trois réponses, savoir ; par le sort, par la voie de l'élection, ou par usurpation. Si le premier roi dut sa place à la faveur du sort, voilà pour le second une autorité qui exclut l'hérédité de la couronne. Saül fut tiré au sort, & pour cela le droit de succession n'eut pas lieu, & il ne paroît pas dans ce que nous lisons de cet événement, qu'on ait eu la moindre intention de l'établir. Si

le premier roi de telle ou telle contrée fut élu,
cela fit de même la planche pour son successeur;
car avancer que la première élection anéantit le
droit de toutes les générations subséquentes, c'est
professer une doctrine qui n'a pour penchant, soit
dans l'écriture, soit chez les auteurs profanes, que
celle du péché originel, où l'on suppose le libre
arbitre de tous les hommes détruits dans la personne d'adam. Or, cette comparaison, la seule
admissible, n'est rien moins qu'honorable à la cause de l'hérédité. En effet, comme tous les enfans
d'adam péchèrent en lui, & comme tous les humains votèrent dans la personne des premiers électeurs; comme, dans le premier cas, tous furent
assujettis au démon, & dans le second tous furent
assujétis à la souveraineté; comme adam sacrifia
notre innocence, & les premiers électeurs l'autorité de chacun de nous, & comme ces deux hypothèses nous ôtent la faculté de recouvrer notre état
& nos privilèges primitifs, il s'ensuit incontesta-
tablement que le péché originel & l'hérédité de la
couronne sont absolument de niveau. Parité honteuse, connexion avilissante! & toutefois le so-
phiste le plus adroit ne sauroit imaginer une comparaison plus juste.

Quant à l'usurpation, il ne se trouvera personne
assez hardi pour la défendre; or il est impossible
de nier que guillaume-le-conquérant fût un usur-
pateur. Pour dire la vérité sans déguisement, l'antiquité de la monarchie anglaise ne soutient pas un
examen approfondi.

Mais le danger de l'hérédité des trônes est pour
le genre-humain d'une toute autre importance que
l'absurdité de cette institution. Si elle nous garan-
tissoit une race d'hommes bons & sages, elle auroit le sceau de l'autorité divine; mais puisqu'elle
prostitue indifféremment le sceptre aux mains de

la folie , de la scélératesse & de l'imbécillité , elle
tient de la nature de l'oppression. Des hommes qui
se regardent comme nés pour régner , & qui regardent les autres comme nés pour obéir , ne tardent
pas à devenir insolens. Séparés du reste de leurs
semblables, ils sucent de bonne heure le poison de
l'importance , & le monde où ils vivent diffère si
essentiellement du monde où nous vivons tous ,
qu'ils ont bien rarement l'occasion de connoître
ses véritables intérêts , & qu'au moment où ils prennent à titre de succession les rènes du gouvernement , ils sont presque toujours les plus ignorans
& les plus ineptes de ceux que renferment leurs
états.

Un autre inconvénient de l'hérédité , c'est qu'elle
expose le trône à être occupé par un mineur ,
quel que soit son âge , & que pendant toute
cette minorité , un régent , à l'ombre du simula-
cre royal , a mille moyens de trahir le dépôt qui
lui est confié , & qu'il en est sollicité par mille
séductions. L'infortune des peuples est la même ,
lorsqu'un roi , usé par la mollesse & les infirmités ,
touche au dernier période de la foiblesse humaine.
Dans ces deux cas , la nation est la proie de tout
scélérat qui sait tirer parti des folies de l'enfance
ou de la caducité.

Ce qu'on a jamais dit de plus plausible en faveur
de l'hérédité de la couronne , c'est qu'elle préserve
une nation des guerres civiles. Si cette proposition
étoit juste , elle seroit digne de considération ; mais
c'est la plus grande fausseté dont on ait jamais
leurré le genre humain. D'un bout à l'autre , l'histoire d'angleterre la dément. Trente rois & deux
mineurs ont régné sur cette terre de confusion depuis la conquête , & dans cet espace, en y com-
prenant la révolution , il n'y a pas eu moins de
neuf guerres civiles, & dix-neuf rébellions. Ainsi

au lieu de contribuer au maintien de la paix ; l'hérédité en est l'ennemie , & détruit la base même sur laquelle elle semble reposer.

Les querelles des maisons d'york & de lancastre , pour la couronne , & pour le droit de succession , inondèrent la grande-bretagne de sang durant une longue suite d'années. Henri & édouard se livrèrent douze batailles meurtrières , sans compter les escarmouches & les sièges ; deux fois henri fut prisonnier d'édouard , qui le fut ensuite de henri , &, tant le sort de la guerre est incertain , tant on doit peu compter sur l'humeur d'un peuple, quand les disputes de ses chefs n'ont pour objet que des intérêts qui leur sont personnels ! Henri fut conduit en triomphe du sein d'une prison dans un palais , & édouard obligé de quitter son palais pour fuir chez l'étranger. Cependant, comme les nations ne persistent guère dans les changemens soudains , henri , à son tour , fut renversé du trône , & l'on rappela édouard pour le remplacer ; le parlement se rangeant toujours du côté du plus fort.

Cette querelle commença sous le règne de henri VI, & n'étoit pas encore absolument terminée sous henri VII , dans la personne de qui les deux familles étoient confondues , c'est-à-dire , qu'elle se prolongea durant un espace de soixante-sept ans ; savoir , depuis 1422 jusqu'en 1489.

En un mot, la monarchie & l'hérédité du trône ont couvert de sang & de cendres , non-seulement l'angleterre , mais encore le monde entier. C'est une forme de gouvernement contre laquelle la parole de dieu s'élève en témoignage , & le meurtre doit l'accompagner.

Si nous examinons les fonctions des rois , nous trouverons que dans certains pays elles sont nulles , & qu'après avoir consumé leur existence sans plai-

sir

sir pour eux mêmes , & sans avantage pour les
nations qu'ils gouvernent , ils passent derrière le
rideau , & laissent leurs successeurs imiter leur in-
dolence. Dans les monarchies absolues , tout le poids
des affaires civiles & militaires porte sur la personne du roi ; les enfans d'israël , en demandant un
roi , donnoient pour raison qu'il les jugeroit , qu'il
marcheroit à leurtête , & qu'il combattroit leurs
ennemis. Mais dans les pays où il n'est ni juge ,
ni général , on est embarassé de savoir quel est
son emploi.

Plus un gouvernement approche de la forme républicaine , moins il offre d'occupation pour un
roi. On ne laisse pas que d'être embarassé lorsqu'l
sagit de trouver un nom pour le gouvernement de
l'angleterre : sir william meridith l'appelle une république ; mais dans son état actuel il est indigne
de son nom , parce que le roi pouvant disposer de
toutes les places a tellement , au moyen de son
influence corruptrice , accaparé l'autorité toute
entière , & détruit la vertu de la chambre des communes , seul partie républicaine de notre constitution , que le gouvernement d'angleterre est , à peu
de chose près , aussi monarchique que celui de la france ou de l'espagne. Les hommes adoptent des noms
sans les comprendre ; car c'est de la partie républicaine
de leur constitution que les anglais tirent vanité
& non de sa partie monarchique : ils se glorifient
du droit de choisir dans leur sein une chambre des
communes ; or , il est aisé de voir que l'on est
esclave par-tout où la vertu républicaine cesse d'être
en vigueur. Pourquoi la constitution de l'angleterre
est-elle maladive , si ce n'est parce que la monarchie
a empoisonné la république , parce que la couronne
s'est emparée des communes?

Le roi d'angleterre n'a presque d'autre fonction ,
pour ainsi dire , que de faire la guerre & de dis-

A a

tribuer des places, ou à parler sans détour, qu'à nous appauvrir, & à faire de nous ce qu'il veut. Belle occupation, il faut l'avouer, pour qu'on alloue au personnage qui n'en a point d'autre, 800 mille livres sterling par an, & pour qu'on l'adore par-dessus le marché ! Un honnête homme est d'une toute autre importance dans la société & aux yeux de dieu, que tous les brigands couronnés qui ont jamais paru sur la terre.

Réflexions sur l'état actuel des affaires d'amérique.

Je ne donnerai dans les pages suivantes que de simples faits, des raisonnemens naturels & du bon sens, & je n'ai d'autres préliminaires à régler avec le lecteur, sinon qu'il se dépouille de tout préjugé & de toute prévention, & qu'il laisse sa raison & sa sensibilité juger par elles-mêmes, qu'il adopte, ou pour mieux dire, qu'il n'abjure point le vrai caractère de l'homme, & que ses idées s'étendent généreusement au-delà du siècle où nous vivons.

On a écrit des volumes sur la querelle de la grande-bretagne & de l'amérique. Des personnes de tout rang se sont embarquées dans cette dispute, excitées par divers motifs & par des vues différentes ; mais tous leurs efforts ont été vains, & le tems de la controverse est passé. La guerre, cette ressource extrême, est chargée de décider ce grand procès : il a plu au monarque de jeter le gant de bataille, & l'amérique n'a pas craint de le relever.

M. pelham, dit-on, qui, malgré ses talens pour le ministère, n'étoit pas exempt de fautes, ayant été inculpé dans la chambre des communes, sur ce que ses mesures n'étoient jamais que pour un tems, répondit qu'elles dureroient autant qu'il se-roit en place. Si, dans l'affaire des colonies, leurs démarches étoient dirigées par un sentiment aussi funeste & aussi inhumain, les générations futures ne se rappelleroient qu'avec horreur les noms de leurs ancêtres.

Jamais le soleil n'éclaira une cause plus importante. Ce n'est pas l'affaire d'une ville, d'un comté, d'une province ou d'un royaume ; c'est celle d'un continent, d'un huitième, pour le moins, de la terre habitable. Ce n'est pas l'intérêt d'un jour, d'une année ou d'un siècle ; la postérité est virtuellement impliquée dans ce débat, & sentira plus ou moins le contre-coup des opinions actuelles jusqu'à la fin des âges. Nous sommes au moment où l'union, la bonne foi, l'honneur des peuples du continent de l'amérique doivent jeter leurs éternelles semences. La moindre atteinte qui leur sera portée ressemblera aux traits indélébiles que laisse un nom gravé sur l'écorce d'un jeune chêne avec la pointe d'une épingle : l'incision croîtra avec l'arbre, & la postérité lira en caractères d'une grosseur frappante, le nom qu'il fut chargé de lui transmettre.

En mettant la guerre à la place du raisonnement, on a ouvert une nouvelle arène à la politique, on a donné naissance à une nouvelle façon de penser. Tous les plans, toutes les propositions, etc., antérieurs au dix-neuf avril, c'est-à-dire, au commencement des hostilités, sont comme les almanachs de l'an passé, qui, bons dans leur tems, sont inutiles aujourd'hui.

Tous les argumens employés par les avocats de l'un & de l'autre parti n'avoient pour terme qu'un seul & même point, savoir, l'union de l'amérique avec la mère-patrie. Ils ne différoient que dans la manière d'effectuer cette union, les uns proposant d'y envoyer la force, & les autres d'avoir recours aux voies amicales ; mais il est arrivé que la première n'a pas eu de succès, & que les autres ont cessé d'exercer leur influence.

Comme on a beaucoup parlé des avantages d'une réconciliation, dont l'espérance, telle qu'un songe agréable, s'est dissipée en nous laissant au point où nous étions, il convient d'examiner l'autre côté de la question & d'approfondir les griefs capitaux & nombreux dont les colonies ont à se plaindre & dont elles auront à se plaindre, à raison de leurs rapports avec l'angleterre, & de la dépendance où elles sont vis-à-vis d'elle ; il convient de discuter ces rapports & cette dépendance d'après les principes de la nature & du sens commun, de voir à quoi nous pouvons nous fier, si nous sommes séparés de la métropole, ce que nous avons lieu d'attendre, si nous sommes dans sa dépendance.

J'ai entendu assurer par quelques personnes, que l'amérique ayant prospéré tant qu'elle a eu des rapports intimes avec l'angleterre, ces mêmes rapports sont nécessaires pour son bonheur & produiront toujours leurs anciens effets. Rien de plus fallacieux que cette manière de raisonner. Autant vaudroit affirmer que, parce qu'un enfant a pris des forces tant qu'il a vécu de lait, il ne doit jamais vivre d'autre chose, ou que les premiers vingt ans de notre vie doivent nous servir de règle pour les vingt ans qui les suivent. Mais il y a plus : la vérité ne permet pas d'accorder l'hypothèse sur laquelle est fondée cette proposition. Je déclare franchement que l'amérique eût prospéré autant &, selon toute apparence, beaucoup plus qu'elle n'a fait, si aucune puissance de l'europe ne s'étoit mêlée de ses affaires. Le commerce qui l'a enrichi, roule sur les nécessités de la vie, & ce commerce-là sera toujours bon tant que l'on conservera en europe la coutume de manger.

Mais l'angleterre nous a protégés, disent quelques-uns de nos adversaires. Oh ! oui. Je conviens qu'elle a accaparé nos productions, & qu'elle a défendu notre territoire à nos dépens comme aux siens ; or, le même motif, savoir, l'intérêt de son commerce

& l'amour de la domination, l'auroient engagée de même à protéger la turquie.

Hélas! nous fumes long-temps égarés par d'anciens préjugés ; nous avons fait d'amples sacrifices à la superstition. Nous nous sommes vantés de la protection de la grande-bretagne, sans prendre garde que l'intérêt & non l'attachement dirigeoit sa conduite ; que, si elle nous protégeoit contre des ennemis, ce n'étoit ni contre les nôtres, ni à cause de nous, mais contre ses propres ennemis, & à cause d'elle-même, contre ceux qui n'étoient en querelle avec nous que par rapport à elle, & qui seront toujours nos ennemis sous le même point-de-vue. Que l'angleterre renonce à ses prétentions sur le continent, ou que celui-ci s'affranchisse de sa dépendance, nous serons en paix avec la france & l'espagne, lors même que ces puissances seront en guerre avec elle. Les malheurs de la dernière guerre de hanovre doivent nous mettre en garde contre le danger des liaisons.

Quelqu'un s'est permis naguère d'assurer, en plein parlement, que les colonies n'ont entr'elles de relation que par l'entremise de la métropole, c'est-à-dire, que la pensylvanie & les jerseys, & ainsi des autres, ne se tiennent que parce qu'elles sont également des colonies anglaises. Voilà à coup sûr une manière fort détournée de prouver une connexion aussi prochaine ; mais c'est au moins la manière la plus simple & la seule incontestable de prouver à quels ennemis on doit s'attendre. La france & l'espagne n'ont jamais été, & peut-être ne seront jamais nos ennemis, en tant que nous sommes américains, mais en tant que nous sommes sujets de la grande-bretagne.

Mais on insiste, on dit que la grande-bretagne est notre mère-patrie : eh bien ! sa conduite n'en est que plus infâme ; les brutes elles-mêmes ne pous-

sent point l'attrocité jusqu'à dévorer leurs petits ;
les sauvages ne font point la guerre à leurs tribus.
Cette affection, en la supposant vraie, devient donc
pour elle un sujet de reproche ; mais elle n'est point
conforme à la vérité, ou du moins elle n'est vraie
qu'en partie, & ce mot de *mère-patrie* a été jésuiti-
quement adopté par le ministre & ses parasites,
dans l'intention perfide & méprisable de faire illusion à notre foiblesse & à notre crédulité. C'est l'europe, & non l'angleterre, qui est la mère-patrie
de l'amérique ; ce nouveau monde a été l'asyle de
tous les européens, persécutés pour avoir chéri la
liberté civile & religieuse. En s'y réfugiant, ce n'est
point des tendres embrassemens d'une mère qu'ils se
sont échappés ; c'est un monstre dont ils ont fui la
rage, & cela est si vrai de l'angleterre, que la même
tyrannie qui chassa de son sein les premiers émigrans, poursuit encore leur postérité.

Dans cette immense portion du globe, nous ou-
blions les étroites limites d'un territoire de trois
cents soixante mille, (l'angleterre n'a pas d'avantage d'étendue) & nous donnons à notre attachement une échelle plus vaste ; nous appellons à la
fraternité tous les européens qui professent la religion chrétienne, (1) & nous tirons vanité de ce
sentiment généreux.

Il est satisfaisant d'observer par quelles gradations
régulières nous surmontons l'empire des préjugés
locaux, à mesure que nos relations s'étendent. Un
particulier, né dans une ville d'angleterre qui est
divisée par paroisses, s'associe naturellement davantage avec ses co-paroissiens, vu que leurs intérêts sont, le plus souvent, communs, & les traite

---

(1) Pourquoi ne pas y joindre ceux qui en professent d'autres, & ceux qui n'en professent aucune ? *Manent vestigia
ruris*. Note du trad.

de voisins ; vient-il à les rencontrer à quelques mille
du lieu qu'il habite, il abandonne ces idées rétré-
cies de rue & de paroisse, & les aborde, en leur
donnant le titre de concitoyens ; s'il quitte sa province & les rencontre dans une autre, il oublie les
divisions subordonnées, & les appelle compatriotes,
par où toutefois il n'entend encore qu'habitans du
même comté ; mais si, transplantés chez l'étranger,
ils se voient en france ou dans quelqu'autre pays
de l'europe, toutes ses distinctions locales sont ab-
sorbées entr'eux dans celles que comporte le nom
d'anglais, & par une juste analogie de raisonnement, tous les européens qui viennent à se rencontrer en amérique ou dans quelqu'autre partie du
globe, sont compatriotes : car l'angleterre, la hollande, l'allemagne, ou la suède, lorsqu'on les compare à l'europe entière, offrent des divisions pro-
portionnellement semblables à celles de rue, de ville
& de province, & elles échappent à des ames qui
n'embrassent plus que de grands espaces, tels que
ceux des continens. Il n'y a pas un tiers des habitans de la province que j'habite qui soit d'origine
anglaise ; je réprouve donc le titre de mère-patrie,
appliqué à l'angleterre, comme faux, inventé par
son intérêt, propre à rétrécir les idées, & contraire
à la générosité que tout homme doit avoir dans le
cœur.

Mais je suppose que nous soyons tous d'origine
anglaise, qu'en faut-il conclure? Absolument rien :
la grande-bretagne s'étant déclarée notre ennemie,
cet acte abroge tous les titres, tous les noms antérieurs, & c'est vraiment une folie que de prétendre
qu'il soit de notre devoir de nous réconcilier avec
elle. Le premier roi d'angleterre de la dynastie actuelle, (guillaume-le-conquérant) étoit français, &
la moitié des pairs d'angleterre sont originaires de
france. Il s'ensuivroit donc, dans cette manière de

raisonner, que la france devroit gouverner l'angleterre.

On a beaucoup exalté la force qui résulte pour
l'angleterre & les colonies de leur union; l'on a
répété mille fois qu'ensemble elles pourroient braver
l'univers; mais ce ne sont là que des présomptions.
Le sort des combats est incertain; d'ailleurs ces
propos ne portent sur rien de solide : car jamais
l'amérique ne se laisseroit dépouiller de tous ses
habitans, pour soutenir les armes britanniques en
asie, en afrique ou en europe.

Outre cela que nous importe de pouvoir braver
l'univers? Notre objet est le commerce, & pourvu
que nous ne le perdions pas de vue, nous nous
assurerons la paix avec l'europe, & l'amitié de ses
peuples, parce qu'il est de l'intérêt de toutes les
nations européennes de trafiquer librement en amérique. Le commerce sera toujours le génie tutélaire
des américains, & leurs terres ne produisant pas les
métaux que recherche la cupidité, ils sont à l'abri
des invasions.

Je défie le plus grand partisan du projet de réconciliation, de montrer un seul avantage qui puisse
résulter pour ce continent, de son union avec la
grande-bretagne; oui, je répète ce défi, il n'en
doit espérer aucun. Nos bleds se vendront dans
quelque marché que ce soit de l'europe, & de
quelque part qu'il nous plaise de tirer nos impor-
tations, il faudra toujours les payer.

Mais les inconvéniens & les dommages auxquels
quels cette union nous expose, sont innombra-
bles, & ce que nous devons, tant au genre humain qu'à nous-mêmes, nous ont fait une loi de
renoncer à cette alliance; toute sujestion, toute
dépendance à l'égard de la grande-bretagne, conduit directement à envelopper l'amérique dans la
guerre & les querelles dont l'europe est le théâtre,

&

& nous met en mésintelligence avec des nations qui , sans cela , rechercheroient notre amitié , & contre lesquelles nous n'avons aucun sujet de ressentiment ou de plainte. L'europe étant le siége de notre commerce , nous ne devons former de liaison particulière avec aucun de ses peuples. Le véritable intérêt de l'amérique est de n'entrer dans aucune des contestations européennes ; & jamais elle n'en pourra venir à bout , tant que sa dépendance à l'égard de la grande-bretagne , la fera intervenir dans tous les mouvemens de la politique anglaise.

L'europe compte trop de royaumes pour être long-temps en paix , & toutes les fois que la guerre a lieu entre la grande-bretagne & quelques-autres puissances , c'en est fait du commerce de l'amérique , *à raison de ses liaisons avec l'angleterre.* Il peut arriver que la guerre prochaine n'ait pas la même issue que la dernière ; & dans ce cas , les personnes qui plaident aujourd'hui en faveur de notre réconciliation , changeront de langage , & desireront que nous soyons séparés de la cause de la grande-bretagne , parce qu'alors il sera plus avantageux d'être neutre que d'avoir des escortes. La justice & la nature invoquent cette scission. Le sang des victimes de la guerre , la voix de la nature en pleurs crient qu'il est temps de nous séparer. Il n'y a pas jusqu'à la distance que le ciel a mise entre l'angleterre & l'amérique , qui ne démontre que jamais il n'eut dessein de soumettre l'une de ces régions à l'autre. Le temps où ce continent fut découvert ajoute au poids de cet argument , & la manière dont il fut peuplé en augmente la force. La découverte de l'amérique précéda la réforme , comme si la bonté de l'être suprême avoit eu dessein d'ouvrir un sanctuaire aux

Bb

objets des persécutions futures , lorsque leur patrie ne leur offriroit plus ni amitié ni sûreté.

L'autorité que la grande-bretagne exerce sur les colonies , constitue un mode de gouvernement qui doit cesser tôt ou tard ; & quelque convaincu que puisse être un homme réfléchi , que ce qu'il nomme là constitution actuelle est purement temporaire , cette conviction sert à l'affliger , & il ne sauroit trouver aucune satisfaction à porter ses regards dans l'avenir. Nous ressemblons à des parens déchus de tout plaisir , dans la triste certitude que le gouvernement sous lequel ils vivent n'est point assez durable pour garantir les propriétés qu'ils laisséront à leurs descendans ; & par un raisonnement très-simple , comme nous prenons des engagemens au nom de la génération qui nous remplacera , nous devons travailler pour elle , autrement nous agirions d'une manière aussi déplorable que honteuse. Afin d'acquérir une idée juste de nos devoirs , élevons nos enfans à notre hauteur , & plaçons-nous quelques années plus avant dans la carrière de la vie. Sous ce point de vue , nous aurons une perspective que nous dérobe maintenant un petit nombre de préjugés & de craintes.

Plusieurs ont l'avantage de vivre loin du théâtre des calamités. Le mal ne se fait pas assez sentir dans leurs habitations pour qu'ils sentent le peu de certitude attachée aux propriétés américaines. Mais supposons-nous pour un moment à boston. Ce séjour de détresse dessillera les yeux ; nous y apprendrons à rejeter sans retour une domination à laquelle nous ne pouvons nous fier. Les habitans de cette ville infortunée , qui , peu de mois auparavant , jouissoient du bien-être & de l'abondance , n'ont aujourd'hui d'autre alternative que d'y rester pour mourir de faim , ou de l'abandonner pour aller demander leur subsistance. Exposés au feu de leurs compatriotes, s'ils ne veulent pas s'éloigner de leurs murs, ils courent risque d'être pillés par la soldatesque s'ils entreprennent d'en sortir. Dans leur situation présente, ils se trouvent prisonniers sans avoir l'espérance de recouvrer leur liberté, & si l'on faisoit une attaque générale pour venir à leur secours, ils seroient en butte à la fureur des deux armées.

Des hommes d'un caractère passif traitent légèrement les offenses de l'angleterre, & se flattant toujours que les choses iront pour le mieux, ils s'écrioient volontiers : venez, venez, nous serons amis malgré vos torts. Mais étudiez les passions & les sentimens du cœur humain, interrogez la nature sur cette réconciliation si prônée, & dites moi si vous pourrez aimer, honorer, servir fidèlement un maître qui a porté chez vous le fer & le feu. Si vous en êtes incapable, vous vous faites donc illusion à vous-même, & vos délais sont mortels à votre postérité. Votre union future avec l'angleterre, que vous ne pouvez ni chérir ni honorer, sera forcée & contraire à la nature, & comme elle n'aura été formée que d'après les circonstances actuelles, un peu de temps amènera une rechûte pire que vos premiers griefs. Mais si vous me dites que vous vous sentez la force de les oublier, je vous adresserai les questions suivantes : A-t-on incendié votre maison & détruit votre propriété sous vos yeux ? Votre femme & vos enfans n'ont-ils plus de lit pour reposer, plus de pain pour se nourrir ? Les soldats anglais vous ont-ils privé d'un père ou d'un fils, en vous laissant l'horrible malheur de survivre à leur perte ? Si vous n'avez pas éprouvé ces désastres, vous ne sauriez juger ceux qui en gémissent ; mais si vous les avez éprouvés & que vous puissiez encore serrer la main de ces brigands, vous êtes indignes du nom de père, d'époux, d'amant ou d'ami, & quel que soit votre rang dans la société, de quelque titre honorable que vous soyez revêtu, votre cœur est celui d'un lâche, & votre énergie, celle d'un sycophante.

Ce n'est pas envenimer les choses, ou les exagérer, que de les soumettre à l'épreuve des affections que la nature justifie, & sans lesquelles nous serions incapables de remplir les obligations sociales, ou de goûter les douceurs de la vie. Mon intention n'est pas d'exciter l'horreur afin de provoquer la vengeance, mais d'interrompre le sommeil honteux & funeste où nous sommes plongés, pour que nous suivions constamment un plan fixe. Il n'est au pouvoir ni de l'angleterre, ni de toute l'europe, de conquérir l'amérique, si elle n'est pas d'intelligence contre elle-même avec ses conquérans, par ses délais & sa timidité. L'hiver dans lequel nous entrons vaut un siècle, si nous savons en profiter ; si notre imprudence le néglige, tout le continent partagera notre infortune, & quels châtimens ne mérite pas un homme, quel qu'il soit, en quelque lieu qu'il réside, qui empêche que l'on ne profite d'une saison si précieuse ?

Il répugne à la raison, à l'ordre universel, à tous les exemples que fournit l'antiquité, de supposer que l'amérique puisse être long-temps sujette d'une domination étrangère. Les esprits les plus audacieux de l'angletere ne le pensent pas. A moins de prononcer la séparation, les derniers efforts de l'humaine sagesse ne sauroient à l'heure qu'il est combiner un plan, qui nous promette même un an de sécurité. Toute idée de réconciliation n'est plus qu'un rêve trompeur. La nature s'est retirée de cette liaison ; l'art ne peut la remplacer, car pour me servir d'une excellente remarque de milton, jamais il ne peut se former de raccommodemens véritables, où la haîne a fait de si profondes blessures.

Toutes les mesures tranquilles pour amener la paix ont été sans effet. On a rejeté nos prières avec dédain ; elles n'ont servi qu'à nous convaincre que rien ne flatte la vanité des rois, ou ne les confirme dans leur obstination, comme des supplications répétées ; en effet, n'est-ce pas là ce qui a le plus contribué à rendre les souverains de l'europe absolus ? Le dannemark & la suède en sont des exemples frappans. Ainsi, puisqu'il n'y a rien à espérer que des armes, pour dieu ! embrassons le parti d'une séparation décisive, ne laissons point à nos enfans le triste emploi de tuer, avec l'insignifiant héritage d'une alliance naturelle, que leurs pères auront violée.

Il faut être visionnaire pour dire que la grande-bretagne ne renouvellera point ses injures. Nous le crûmes lorsqu'elle retira l'acte du timbre ; mais un an ou deux suffirent pour nous désabuser. J'aimerois autant supposer que des nations, pour avoir été vaincues une fois, ne reprendront jamais les armes.

Quant aux opérations du gouvernement, il n'est pas au pouvoir de l'angleterre de traiter l'amérique comme nos intérêts l'exigent. Avant peu nos affaires seront trop importantes & trop compliquées, pour qu'une autorité placée si loin de nous, & qui nous connoît si peu, les régisse convenablement. Il est aussi impossible à l'angleterre de nous gouverner que de nous conquérir. Avoir toujours deux ou trois mille lieues à faire pour un rapport ou une pétition, attendre quatre ou cinq mois la réponse, avoir besoin, quand on l'a reçue, de cinq ou six autres mois pour l'expliquer, ce sont des choses que, sous très-peu d'années, on regardera comme un enfantillage & une folie. Cela peut avoir été bon autrefois; mais le temps est venu où il est à propos que cela finisse.

Il est tout simple que des royaumes prennent sous leur protection des îles de peu d'étendue, incapables de se protéger elles-mêmes; mais il y a de l'absurdité à supposer un continent toujours gouverné par une île. La nature n'a point fait de satellites plus gros que leur planete; & puisque l'une à l'égard de l'autre, l'angleterre & l'amérique renversent l'ordre commun des choses, il est évident qu'elles appartiennent à des systêmes différens; la première à l'europe, l'amérique à elle-même.

Ce n'est point l'orgueil, la rage des partis ou le ressentiment qui me font embrasser la doctrine de la scission & de l'indépendance. Je suis clairement & positivement persuadé, je le suis dans mon fôr intérieur, que le véritable intérêt de l'amérique consiste à ne plus dépendre de la grande-bretagne; que tout arrangement où celui-là n'entre pas est un pur assemblage de pièces de rapport, qu'il ne sauroit produire une félicité durable, que par-là nous laisserions la guerre à nos enfans, que ce seroit reculer au moment où soit un peu plus, soit un peu moins de hardiesse, auroit fait de ce continent l'orgueil du monde.

L'angleterre n'ayant point fait d'avances pour une réconciliation, nous pouvons être certains de n'en pas obtenir des conditions dignes d'être acceptées, ou qui nous dédommagent, de quelque manière que ce soit, du sang & des trésors que nous avons déjà prodigués.

L'objet d'une demande doit toujours être proportionné aux dépenses que l'on a faites pour l'obtenir. La disgrace de north ou de toute sa ligue infernale n'est pas un succès assez glorieux pour nous consoler des millions dont nous nous sommes appauvris. Une suspension momentanée dans notre commerce étoit un malheur qui auroit suffisamment balancé l'avantage de voir abroger tous les actes dont se plaignoit l'amérique, dans le cas où elle auroit obtenu l'abrogation de quelques-uns. Mais si le continent tout entier doit prendre les armes, si chacun doit devenir soldat, c'est perdre notre tems que de lutter seulement contre un ministère méprisable. Ah! nous payons bien cher l'abrogation des actes qui nous révoltent, si nous ne combattons pas pour autre chose; car, à parler vrai, il est tout aussi extravagant d'essuyer un désastre tel que celui de bunker-hill, pour des loix dont on ne veut pas, que pour un territoire auquel on prétend. J'avois toujours regardé l'indépendance de l'amérique comme un événement qui devoit avoir lieu tôt ou tard; & d'après la rapidité avec laquelle j'ai vu se mûrir dans ce dernier période le caractère de ses habitans, j'ai pressenti que cet événement ne pouvoit être fort éloigné. Ainsi, lors des premières hostilités, ce n'étoit pas la peine, à moins que nous n'eussions pris la chose au sérieux, de discuter des griefs auxquels le temps auroit apporté un remède définitif. S'amuse-t-on à charger son bien d'un procès, pour mettre ordre aux envahissemens d'un tenancier dont le contrat est sur le point d'expirer? Personne ne desira plus ardemment que moi notre réconciliation avec l'angleterre, avant la fatale bataille de lexington, (donnée le dix-neuf avril 1775) mais à l'instant où l'on rendit public l'événement de cette journée....

Mais supposé que tout fût maintenant arrangé, qu'en arriveroit-il? Je répond : la ruine de l'amérique, & cela pour plusieurs raisons.

1º. L'autorité demeurant entre les mains du roi, il aura le *veto* sur toute la législation de ce continent. Or , est-il ou n'est-il pas l'homme fait pour dire aux colonies : « Vous n'établirez de loix que celles qu'il me plaira. » Y a-t-il un seul américain assez ignorant pour ne pas savoir que , suivant ce qu'on nomme la constitution actuelle, ce continent ne peut faire de loix sans la permission du monarque ; & y a-t-il un seul homme assez dépourvu de sens pour ne pas voir qu'à raison de ce qui s'est passé , il ne nous laissera faire d'autres loix que celles qui répondront au but qu'il se propose ? Nous pouvons aussi bien devenir esclaves faute de loix établies chez nous , qu'en nous soumettant à des loix faites pour nous en europe. Les choses une fois arrangées , comme on dit , y a-t-il le moindre doute que tout le pouvoir de la couronne ne soit mis en usage pour tenir l'amérique dans l'état le plus humble ? au lieu d'aller en avant , il faudra reculer , ou n'avoir d'autre affaire que de débats continuels & des pétitions ridicules.

Réduisons la question à ses derniers termes. Un pouvoir jaloux de notre prospérité est-il propre à nous gouverner ? Quiconque soutient la négative est un indépendant ; car ce mot d'indépendance implique seulement l'alternative de faire nous-mêmes nos loix, ou *de ne plus tenir à l'angleterre.*

Mais , dira-t-on , le roi a le *veto* dans la métropole ; la nation ne peut y faire des loix sans son consentement. A consulter la raison & le bon ordre , il est passablement ridicule qu'un jeune homme de vingt - un ans , comme il est arrivé plus d'une fois , dise à plusieurs millions d'hommes , plus âgés & plus sages que lui : « Je défends que tel ou tel de vos actes ait force de loi. » Mais je veux bien ne pas employer ici ce genre de réfutation, quoique résolu à ne jamais cesser de montrer l'absurdité d'un pareil usage ; & je me contenterai de répondre , qu'il résulte une très-grande différence

de

de ce que le roi réside en angleterre, & ne réside pas en amérique. Le *veto* du roi est ici dix fois plus dangereux qu'il ne peut l'être en angleterre ; car il ne refuseroit guère son consentement à un bill qui auroit pour objet de mettre la grande-bretagne sur un meilleur pied de défense, puisqu'il y fait son séjour, au lieu qu'il ne laisseroit jamais passer un tel bill relativement à l'amérique.

L'amérique ne joue qu'un rôle secondaire dans le systême de la politique anglaise : l'angleterre ne consulte l'avantage de cette contrée qu'autant qu'il se rapporte à ses vues. Son propre intérêt l'engage, par conséquent, à empêcher l'accroissement de notre prospérité, toutes les fois qu'il ne tend pas à la sienne, ou pour peu qu'il la contrarie. Le bel état que nous formerions dans peu sous un tel gouvernement, d'après ce qui est arrivé ! Le simple changement d'un nom ne suffit pas pour que d'ennemis on devienne amis, & afin de montrer qu'à présent les plans de réconciliation nous menacent des plus grands dangers, j'affirme qu'il seroit d'une excellente politique pour l'angleterre d'abroger les actes qui ont fait le principe de nos querelles, en vue de rétablir, dans son ancienne forme, le gouvernement des colonies, parce qu'elle *s'assureroit de cette manière le droit & les moyens de nous tyranniser plus que jamais.*

20. Les conditions les plus favorables que nous soyons dans le cas d'espérer, devant se réduire à des expédiens momentanés, ou à une sorte de gouvernement par tutelle, qui cessera lorsque les colonies seront *majeures* ; la situation générale des affaires durant cet intervalle, ne sera ni solide ni flatteuse. Les riches émigrans n'accourront point dans une contrée où la forme du gouvernement ne tiendra qu'à un fil, où des divisions & des troubles seront sans cesse sur le point d'éclater ; & la

C c

plupart des habitans actuels profiteront de l'*interim*
pour disposer de leurs biens & quitter le continent.

Mais le plus fort de tous les raisonnemens, c'est
que l'indépendance, ou en d'autres termes, une
forme de gouvernement dont le siège soit en amérique, peut seule la maintenir en paix & la préserver des guerres civiles. Je crains aujourd'hui l'issue d'une réconciliation avec l'angleterre, attendu
qu'il est plus que probable qu'elle sera suivie de
manière ou d'autre par une révolte dont les suites
peuvent entraîner infiniment plus de désastres que
toute la malice des anglais.

Leur barbarie a déjà ruiné des millions d'américains! d'autres millions éprouveront vraisemblable-
ment le même sort! ceux qui n'ont rien souffert ont
le cœur autrement fait que nous. Tout ce que les
américains possèdent aujourd'hui se borne à la
liberté; ce dont ils jouissoient auparavant ils l'ont
sacrifié pour elle, & n'ayant plus rien à perdre,
ils dédaignent de se soumettre. Outre cela, la disposition générale des colonies, à l'égard d'une forme de gouvernement exercée par l'angleterre, res-
semble aux idées d'un jeune homme qui touche
au moment d'être affranchi de son tuteur; elles ne
s'en mettent guère en peine. Or, tout gouvernement qui n'a pas la force de maintenir la paix,
n'en mérite pas le nom, & dans ce cas, nos
impôts sont sans objet : car, je demande, en
supposant qu'un tumulte s'élevât le lendemain de
la réconciliation, ce que l'angleterre feroit pour
le réprimer, elle dont l'autorité ne se manifesteroit
que par écrit. J'ai oui dire à quelques personnes,
dont la plupart, je crois, parloient sans réflexion,
qu'elles redoutoient l'indépendance des colonies,
dans l'appréhension qu'elle n'enfantât des guerres
civiles; mais la guerre civile est cent fois plus à
craindre d'une liaison mal assortie, que de l'indépen-

dance. Je me mets à la place de ceux qui souffrent, & je proteste que si j'étois chassé d'habitations en habitations, si ma propriété étoit détruite & ma ruine consommée, naturellement sensible à l'injure, je ne goûterois jamais le système d'un racommodement, & ne me croirois pas lié par l'aveu que mes compatriotes y auroient donné.

Les colonies ont fait voir des dispositions si sages & tant d'obéissance à un gouvernement pris dans leur sein, que c'en est assez pour tranquilliser, sur ce point, tout homme raisonnable. Les plus timides ne peuvent alléguer, pour motif de leurs alarmes, que des prétextes ridicules & puérils, comme lorsqu'ils supposent que telle colonie prétendra la supériorité sur tel autre.

Où il n'existe point de distinctions, il ne peut y avoir de supériorité ; l'égalité parfaite ne donne point d'accès aux tentations. Toutes les républiques de l'europe sont dans une paix continuelle ; la hollande & la suisse n'ont ni guerres étrangères ni guerres intestines. Au contraire, le repos des monarchies n'est jamais durable. Au dedans, la couronne séduit toujours quelques scélérats entreprenans, & l'orgueil, l'insolence, compagnes inséparables de l'autorité des rois, amènent de fréquentes ruptures avec les puissances étrangères, pour des griefs, ou pour de simples méprises qu'un gouvernement républicain, fondé sur des principes plus naturels, arrangeroit par la voie des négociations.

Si l'indépendance des colonies est de nature à inspirer quelques craintes, c'est parce qu'on n'a pas encore arrêté de plan à cet égard. Les américains ne voient pas encore la marche qu'ils doivent suivre. Je vais donc, pour faciliter le travail, présenter mes idées particulières, tout en assurant, avec la modestie qui conviendra dans un pareil

sujet , que je les envisage uniquement comme pouvant servir à en suggérer de meilleures. S'il étoit
possible de réunir les opinions éparses des individus , elles fourniroient souvent aux hommes sages & habiles des matériaux dont ils sauroient tirer
un parti avantageux.

Que les assemblées de chaque colonie soient annuelles , & sans autres officiers qu'un président ;
que la représentation y soit plus égale ; que leurs
délibérations n'aient pour objet que leurs propres
affaires , & qu'elles soient soumises à l'autorité
d'un congrès-général.

Que chaque colonie soit divisée en six , huit
ou dix districts d'une étendue convenable , dont
chacun enverra un certain nombre de députés au
congrès , de maniére que chaque colonie en envoie
au moins trente. Le nombre des membres du congrès sera au moins de trois cents quatre-vingt-dix.
Le congrès se formera & choisira son président de
la manière suivante. Tous les députés rendus au
lieu de ses séances , qu'on tire au sort une des
treize colonies , & que , parmi les députés de celle
que le sort aura désignée , tout le congrès choi-
sisse son président au scrutin ; que dans le congrès
suivant , on ne tire au sort qu'une colonie sur douze ,
en mettant de côté celle qui a fourni le président
du dernier congrès , & que l'on continue ainsi jusqu'à ce que les trente colonies aient subi cette
épreuve ; & pour que le congrès ne décrète rien
que de juste , les trois cinquièmes des voix formeront seuls la majorité. Celui qui excitera la discorde
sous un gouvernement dont les bases seront si con-
formes à l'égalité , auroit été dans le ciel un des
complices de la révolte de lucifer.

Mais comme le choix des personnes qui établiront cet ordre , ou la manière dont on s'y prendra
pour l'établir , sont des objets d'une nature extrême-

ment délicate, & comme ce soin paroît regarder plus particulièrement un corps intermédiaire, placé entre le gouvernement & le peuple, que l'on ouvre une CONFÉRENCE CONTINENTALE sur le plan & pour l'objet que je vais indiquer.

Un comité de vingt-six membres du congrès, savoir, deux députés de chaque colonie, deux membres de chaque assemblée provinciale, & cinq représentans de toute la masse du peuple, qui seront choisis dans la capitale de chaque province, au nom & pour les intérêts de la province entière, par autant d'électeurs que l'on jugera convenable d'en appeler de toutes les parties de la province ; on pourroit aussi, pour plus de commodité, choisir les représentans dans deux ou trois districts, les plus peuplés de la colonie. La conférence ainsi formée, rassemblera les deux grands pivots des affaires, le savoir & l'autorité. Les membres du congrès & des assemblées provinciales, ayant acquis de l'expérience en discutant les intérêts nationaux, ouvriront d'utiles avis, & leur ensemble, revêtu des pouvoirs du peuple, aura véritablement une autorité légale.

Les membres de la conférence une fois assemblés, s'occuperont de rédiger une CHARTRE CONTINENTALE, ou chartre des états-unis, qui réponde à ce qu'on nomme la grande-chartre de l'angleterre ; ils y fixeront le nombre & le mode d'élection des membres du congrès, & de ceux des assemblées provinciales, la durée de leurs sessions, & la limite précise de leurs travaux & de leur jurisdiction ; ils ne perdront jamais de vue que notre force aura pour base l'union des diverses colonies en un seul état, & non la puissance particulière de chacune d'elles ; ils assureront à chaque individu liberté & propriété, & sur-tout le libre exercice de la religion, suivant leur conscience. Enfin ils inséreront dans leur chartre tout ce que doit contenir un ouvrage de ce genre. Dès qu'elle seroit terminée, la conférence sera dissoute, & les corps choisis, conformément à la chartre, prendront l'autorité législative & administrative de l'amérique pour le tems qui leur aura été prescrit.

Si jamais on confie des fonctions de cette importance à une assemblée quelconque, qu'il me soit permis d'offrir aux réflexions de ses membres l'extrait suivant de dragonetti, l'un des plus sages observateurs qui ait existé en matière de gouvernement : « La science de l'homme d'état, consiste » à fixer le vrai point du bonheur & de la liberté. » Ce seroit acquérir des droits à la reconnoissance » de tous les siècles, que de découvrir un mode de » gouvernement qui, en surchargeant le moins pos- » sible le trésor national, offriroit la plus grande » somme de félicité individuelle. »

DRAGONETTI, *sur la vertu & les récompenses.*

Mais où est le roi de l'amérique, demanderont quelques personnes? Mais amis, je vais vous le dire; il est au ciel, & ne s'amuse point à faire entre-tuer les hommes.

Cependant pour que nous n'ayons pas l'air de manquer de cérémonies & de pompe terrestre, qu'il y ait un jour solemnellement réservé pour la proclamation de la chartre; ce jour-là, qu'elle soit tirée des archives nationales, & placée sous l'auguste recueil des loix divines; que l'on pose dessus une couronne, afin d'apprendre à l'univers que les américains sont partisans de la monarchie, en ce sens que LA LOI LEUR SERT DE ROI. Car de même que dans les gouvernemens absolus, la loi réside dans la personne du monarque; dans les pays libres, la loi elle-même doit être le monarque, & il ne doit pas y en avoir d'autre. Mais afin de prévenir les abus qui pourroient s'introduire par la suite, qu'à la fin de la cérémonie on défasse la couronne, & que ses débris soient abandonnés au peuple, à qui elle appartient de droit.

Le droit naturel nous autorise à nous gouverner nous-mêmes, & lorsqu'on réfléchit sérieusement à l'incertitude des choses humaines, on n'a pas de peine à se convaincre qu'il est infiniment plus sage & plus sûr de rédiger de sang-froid & avec maturité, une constitution à notre usage, tandis que nous en avons le pouvoir, que de laisser un objet aussi important à la disposition du tems & du hasard. Si nous le négligeons maintenant, il peut s'élever après nous un masaniel (1) qui, profitant de l'inquiétude populaire, rassemble les mécontens & les gens sans ressource, &, s'emparant avec eux des rênes du gouvernement, anéantisse sans retour la liberté de l'amérique. Si l'administration retourne aux mains de la grande-bretagne, il se trouvera quelqu'avanturier qui, n'ayant rien à perdre, & tenté par la situation équivoque de nos affaires, essaiera de nous assujétir ; &, dans ce péril, quel secours attendre de l'angleterre ? Avant qu'elle en ait reçu la nouvelle, le coup fatal sera porté, & nous gémirons, comme les anglais du tems d'harold, sous la tyrannie d'un conquérant. Vous ne savez ce que vous faites, vous tous qui rejetez le parti de l'indépendance ; vous favorisez l'établissement d'une éternelle oppression.

---

(1) Pêcheur de naples, qui, après avoir animé ses concitoyens, dans la place du marché, contre l'oppression des espagnols, alors maîtres de cette ville, les excita à la révolte, & n'eut besoin que d'un jour pour se faire nommer roi. (Cette note de m. payne n'est pas tout-à-fait exacte. Il se passa sept jours avant que les napolitains jetassent les yeux sur masaniel, pour le mettre à leur tête ; &, pendant la courte durée de sa domination, il reconnut toujours la suprématie du roi d'espagne. Le peuple & lui n'en vouloient qu'au duc d'arcos, vicéroi.)

Des milliers de nos frères pensent qu'il seroit glorieux de chasser du continent cette puissance infernale & barbare, qui a suscité les sauvages & les négres pour notre destruction ; cruauté empreinte du sceau d'un double crime, l'inhumanité envers nous, la perfidie à l'égard de ceux qui l'ont commise.

C'est être dans le délire que de parler d'amitié entre nous & des hommes en qui notre raison nous défend d'avoir confiance, pour qui nos plus tendres affections, blessées de mille manières, ne nous inspirent que de l'horreur. Chaque jour efface entre eux & nous les foibles restes de notre parenté ; & doit-on se flatter de voir croître l'attachement, à mesure que nos liaisons naturelles s'affoiblissent, ou bien que nous vivrons en meilleure intelligence, lorsque nous aurons des sujets de querelle, plus graves & plus nombreux que jamais.

Vous qui nous parlez de bonne harmonie & de réconciliation, pourriez-vous nous rendre le tems qui s'est écoulé ? Pourriez-vous replacer dans son état d'innocence primitive, une victime de la prostitution ? Eh ! bien, vous ne pouvez pas davantage réconcilier l'angleterre & l'amérique. Le dernier fil est rompu ; le peuple, en angleterre, présente des adresses contre nous. Il est des outrages que la nature ne pardonne jamais ; elle cesseroit d'être la nature, s'il lui arrivoit de les pardonner. Il n'est pas plus au pouvoir de l'amérique d'oublier les meurtriers qui lui sont venus d'angleterre, qu'au pouvoir d'un amant d'effacer de son souvenir le ravisseur de sa maîtresse. Ce n'est pas sans une intention bonne & sage que le tout-puissant a mis ces affections dans nos cœurs.

Son image y est sous leur garde ; elle nous distingue de la foule des brutes. Le pacte social se dissoudroit, l'équité disparoîtroit de la terre, si nous étions sourds à la voix de la sensibilité. Que

de

de fois le vol & le meurtre demeureroient impunis, si nos passions outragées ne nous provoquoient à la justice !

O vous qui chérissez les hommes, vous qui ne craignez pas de lutter contre la tyrannie, de quelque part qu'elle vienne, montrez-vous. Toutes les contrées de l'ancien monde sont en butte à l'oppression. La liberté s'est vue poursuivie dans tous les points du globe. Depuis long-temps l'asie & l'afrique l'ont repoussée ; l'europe la regarde comme une étrangère, & l'angleterre lui a donné le signal du départ. Ah ! recevez cette fugitive, & préparez, avant qu'il soit trop tard, un asyle au genre-humain.

Des ressources de l'Amérique. -- Réflexions diverses.

Je n'ai rencontré personne, soit en angleterre, soit en amérique qui ne pensât que tôt ou tard la séparation auroit lieu entre ces deux contrées, & jamais nous n'avons montré moins de jugement, que lorsque nous avons tâché de définir ce que nous appelons la maturité de l'amérique pour l'indépendance.

Comme on avoue que cette mesure est inévitable, & que les opinions ne varient que sur le temps où elle devoit avoir lieu ; pour éviter les méprises, examinons en général la situation des choses, & tâchons, s'il est possible, de trouver son époque véritable. Mais nous n'avons pas besoin de prendre tant de peine ; l'examen cesse dès les premiers pas, car le temps nous a dévancés. Le concours unanime, la glorieuse union de toutes les circonstances prouvent ce fait.

Notre force ne gît pas dans le nombre des hommes, mais dans l'unité des sentimens ; & encore

D d

le nombre d'hommes que nous pouvons armer suffit pour repousser les forces de l'univers. Les colonies ont maintenant sur pied le corps le plus considérable de troupes disciplinées que soit en état de lever aucune puissance ; elles sont arrivées au période où aucune d'elles n'est en état de se soutenir elle-même, mais où leur confédération bien unie peut les défendre toutes ; au période où leur situation respective, altérée en plus ou en moins, entraîneroit des conséquences fatales. Nos forces de terre sont déjà suffisantes, & quant à la marine ; nous ne saurions nous dissimuler que la grande-bretagne ne laisseroit pas construire un seul vaisseau de guerre en amérique, tant qu'elle en demeureroit souveraine ; ainsi nous ne serions pas plus avancés à cet égard dans un siècle, que nous ne le sommes aujourd'hui ; disons mieux, nous le serions encore moins, attendu que le bois de construction diminue chaque jour dans nos contrées, & que le peu qui s'en conservera à la fin sera loin de nous & difficile à se procurer.

Si les colonies regorgeoient d'habitans ; leurs souffrances seroient insupportables dans les circonstances actuelles. Plus nous aurions de ports de mer, plus nous aurions à défendre, & plus nous risquerions de perdre. Notre population est si heureusement proportionnée à nos besoins, que personne n'est dans le cas de rester oisif. La diminution du commerce nous vaut une armée, & l'entretien de cette armée produit un nouveau commerce.

Nous n'avons point de dette ; & quelques emprunts que nous soyons obligés de faire, ils éterniseront notre gloire & serviront de monument à notre vertu. Si nous parvenons à transmettre à nos descendans une forme stable de gouvernement & une constitution indépendante, à quelque prix que nous leur ayons acheté ces biens, ils ne leur sem-

bleront pas trop chers. Mais c'est agir sans raison ,
c'est trahir cruellement la postérité, que de dé-
penser des millions, simplement en vue d'obtenir
l'abrogation de quelques actes méprisables & de
renverser les ministres actuels , parce que c'est laisser à nos enfans la grande entreprise à terminer &
le fardeau d'une dette qui ne leur sera d'aucun
profit. Une semblable pensée est indigne d'un homme d'honneur ; elle est le signe indubitable d'une
ame étroite, & d'une politique minutieuse.

La dette que nous pouvons contracter ne mérite pas
que nous nous y arrêtions, pouvu que l'ouvrage
s'accomplisse. Il faut aux états une dette nationale ;
c'est un engagement dont tous leurs membres ré-
pondent, & lorsqu'elle ne porte pas d'intérêt, elle
ne sauroit être onéreuse sous aucun rapport. La
grande-bretagne est accablée d'une dette de plus
de cinquante millions sterling , qui lui coûte plus de
quatre millions sterling d'intérêt. Pour la dédomma-
ger , elle a une marine considérable. L'amérique
n'a ni dette, ni marine, & toutefois, pour la
vingtième partie de la dette nationale de l'angleterre, elle pourroit avoir une marine égale à la
sienne. La marine anglaise ne vaut pas, à l'heure
qu'il est, plus de trois millions & demi de livres
sterling.

La première & la seconde édition de ce pamphlet ne renferment point les calculs suivans, je les
y insère aujourd'hui pour prouver la justesse de
cette estimation. Voyez l'*histoire navalle* d'entick,
page 56 de l'*introduction*.

D'après les comptes de m. burchett, secrétaire
de la marine, il en coûte, pour construire un
vaisseau de chaque dimension, le garnir de mâts ,
de voiles, d'agrès, & le fournir pour huit mois
des provisions nécessaires au pilote & au char-
pentier ,

S A V O I R :

	de 100 canons,	35,553 l. sterl.
	de 90	29,886.
	de 80	23,638.
	de 70	17,785.
Pour un vaisseau	de 60	14,197.
	de 50	10,606.
	de 40	7,855.
	de 30	5,846.
	de 20	3,710.

Il n'est pas difficile, d'après cela, de supputer ce que vaut, ou, pour mieux dire, ce que coûte la marine anglaise. En 1757, époque de sa gloire la plus brillante, elle étoit composée comme il suit :

Vaisseaux.	Canons.	Frais.
6	100	213,318 liv. sterl.
12	90	358,632
12	80	283,656
43	70	764,755
35	60	496,895
40	50	424,240
45	40	340,110
58	20	251,180
85	*Sloops.*	

Batteries flottantes, &c.
à 2,000 l. sterl. *chaque* 270,000

Total . . 3,266,786
Reste pour des Canons . . . 233,214

3,500,000 liv. sterl.

Il n'y a pas de pays sur le globe aussi heureusement situé pour avoir une flotte, aussi capable d'en former une par ses seuls moyens, que l'amérique. Le goudron, le bois de construction, le fer, les cordages, sont les productions naturelles ; nous n'avons besoin de rien aller chercher au dehors, tandis que les hollandais, qui gagnent immensément à louer leurs vaisseaux de guerre aux espagnols & aux portugais, sont obligés d'importer chez eux la plupart des matériaux qu'ils emploient. Nous devons envisager la construction d'une flotte comme un article de commerce, puisque c'est la fabrique la plus convenable à cette contrée. C'est aussi le meilleur emploi que nous puissions faire de notre argent. Un vaisseau, lorsqu'il est achevé, vaut plus qu'il ne coûte ; il assure ce point si délicat de la politique nationale, l'avantage de faire le commerce & de le protéger tout ensemble. Construisons toujours des vaisseaux ; si nous n'en avons pas besoin, nous les vendrons, & par ce moyen, nous remplacerons notre papier-monnoie avec du numéraire.

En général on se trompe grossièrement au sujet des hommes qui doivent monter une flotte ; il n'est pas nécessaire qu'il y ait un quart de matelots. Pendant la guerre dernière, *le terrible*, commandé par le capitaine death, soutint un combat plus violent qu'aucun autre navire, & cependant il n'avoit pas vingt matelots à bord, quoique son équipage fût composé de plus de deux cens personnes ; quelques matelots instruits & sociables formeront, en peu de temps, un nombre suffisant de cultivateurs à la manœuvre ordinaire d'un vaisseau. De tout ce qui vient d'être dit, il résulte que nous ne serons jamais plus à portée de commencer à nous donner une marine, qu'au moment actuel, où notre bois de construction existe dans son intégrité, où nos pêcheries sont bloquées, où nos matelots & nos charpentiers sont sans emploi. On construisit, il y a quarante ans, des vaisseaux de guerre de soixante-dix & quatre-vingt canons, dans la nouvelle-angleterre ; pourquoi n'en feroit-on pas aujourd'hui ? L'art de construire les vaisseaux est le triomphe de l'amérique, &, avec le temps, elle surpassera, en ce genre, le monde entier. Les grands empires de l'orient sont presque tous dans l'intérieur des terres ; ils sont, par conséquent, hors d'état de la rivaliser ; l'afrique est plongée dans la barbarie, & aucune puissance européenne n'a une aussi grande étendue de côtes, ou des matériaux aussi abondans ; si la nature en a favorisé quelques-unes du premier de ces avantages, elle leur a refusé l'autre ; elle ne les a prodigués tous les deux qu'à la seule amérique. Le vaste empire de russie n'a presque point de mer, ce qui fait que son goudron, ses immenses forêts, son fer & ses cordages ne forment pour lui que des branches de commerce.

Si nous avons égard à notre sûreté, pouvons-nous nous passer de flotte ? Nous ne sommes plus ce que nous étions il y a soixante ans. Alors, nation peu nombreuse, nous aurions pu laisser nos effets dans les rues, ou plutôt dans les champs, & dormir tranquillement sans avoir de barreaux à nos fenêtres ou de verroux à nos portes ; les temps sont changés & nos moyens de défense doivent se perfectionner à proportion de l'accroissement de nos propriétés. Il y a un an qu'un simple pirate auroit pu remonter la delaware, & mettre philadelphie à contribution pour quelle somme il auroit voulu, & la même chose auroit pu se renouveller en d'autres endroits ; je dis plus : un drôle entreprenant, sur un brigantin de quatorze ou de seize canons, auroit pu voler ainsi dans toute l'étendue du continent, & emporter un million de numéraire. Ce sont là des objets qui demandent notre attention, & nous prouvent la nécessité d'une marine qui nous protège.

On m'objectera peut-être que l'angleterre nous protégera quand nous aurons fait notre paix avec elle. Aurions-nous la sotise de croire qu'elle entretiendra une marine dans nos ports à cette intention ? Le sens-commun nous dira que la puissance qui a tâché de nous assujétir est la moins propre de toutes à nous défendre ; sous prétexte d'amitié, elle effectueroit la conquête de nos provinces, & après une longue & courageuse résistance, quelques caresses simulées nous réduiroient en esclavage. Or, si nous ne devons pas admettre ses vaisseaux dans nos ports, je demande comment elle nous protégera. Une marine est d'un bien foible usage à la distance de deux ou trois mille lieues ; elle ne peut rendre aucun service dans les occasions urgentes ; si donc nous sommes forcés à l'avenir de nous protéger nous-mêmes, pourquoi nous protégerions-nous pour l'avantage d'autrui, pourquoi ne seroit-ce pas pour le nôtre ?

La liste des vaisseaux de guerre de la grande-bretagne est longue & formidable ; mais il n'y en a pas la dixième partie qui soit en état de servir sur-le-champ, plusieurs même n'existent plus que sur le papier ; cependant, pourvu qu'il en reste une planche, leurs noms continuent de paroître pompeusement sur la liste ; ajoutons que, sur le nombre de ceux qui sont en état de servir, il n'y en a pas un cinquième dont le gouvernement puisse disposer comme il veut. Les indes orientales & occidentales, les possessions de la méditerranée, l'afrique & les autres contrées sur lesquelles l'angleterre étend ses prétentions, demandent la plupart de ses vaisseaux. Par un mélange de préjugé & d'inattention, nous avons pris des idées fausses de la marine anglaise ; nous en avons parlé comme si nous avions dû craindre qu'elle nous attaquât tout-à-la-fois : cette erreur nous a fait supposer que nous devions nous en procurer une aussi considérable, & comme la chose ne pouvoit s'exécuter à l'instant, des torys déguisés qui se cachent parmi nous, se sont servis de ce motif pour nous détourner de l'entreprendre. Rien n'est plus faux qu'une pareille supposition ; car si l'amérique avoit seulement un vingtième des forces navales de l'angleterre, elle maîtriseroit de beaucoup ses opérations, puisque n'ayant ni prétentions ni domaines éloignés, notre marine toute entière seroit employée sur nos côtes, où il y a deux contre un à parier que nous aurions l'avantage sur ceux qui auroient deux ou trois mille lieues à parcourir soit avant de nous attaquer, soit pour réparer leur monde & leurs vaisseaux ; & bien que l'angleterre, au moyen de sa flotte, nuisît à notre commerce en europe, nous gênerions également le sien dans ses isles d'amérique, qui, voisines du continent, sont absolument à notre merci.

On pourroit imaginer quelque méthode d'entretenir une force navale en tems de paix, si nous ne jugions pas qu'il fût nécessaire d'avoir constamment une marine sur pied ; si l'on accordoit des primes aux négocians, pour les encourager à construire des vaisseaux de vingt, trente, quarante & cinquante canons qu'ils emploieroient à leur service, cinquante ou soixante de ces bâtimens, avec quelques vaisseaux de conserve, toujours en activité, formeroient une marine suffisante, sans nous exposer à l'inconvénient dont on se plaint si fort en angleterre, de laisser, durant la paix, notre flotte pourrir dans les chantiers. Il est d'une saine politique d'unir les moyens du commerce à ceux de la défense, car lorsque notre force & nos richesses se soutiennent mutuellement, nous n'avons rien à craindre des ennemis du dehors.

Nous avons en abondance presque tout ce qu'il faut pour se défendre ; le chanvre prospère chez nous jusqu'au point de nous être à charge, ainsi nous ne craignons pas de manquer de cordages ; notre fer est supérieur à celui des autres contrées,

les

les armes que nous fabriquons, égales à toutes celles qu'on fabrique ailleurs ; nous avons de quoi fondre des canons à notre gré ; nous faisons sans cesse du salpêtre & de la poudre ; nos connoissances s'étendent journellement ; la fermeté est le trait distinctif de notre caractère, & le courage ne nous a jamais abandonnés. Qu'est-ce donc qui nous manque ? Pourquoi hésitons-nous ? Nous ne devons attendre de l'angleterre que notre ruine. Si jamais elle est réintégrée dans le gouvernement de l'amérique ; ce continent ne méritera pas que l'on daigne y vivre ; il s'y élevera des jalousies continuelles, les insurrections se renouvelleront chaque jour ; & qui prendra sur soi de les appaiser ? Qui voudra risquer sa vie pour faire plier ses concitoyens sous une autorité étrangère ? La différence de la pensylvanie & du connecticut, relativement à quelques terreins non affermés, montre l'insignifiance du gouvernement, tant qu'il sera entre les mains de la grande-bretagne, & prouve sans réplique qu'une administration fixée sur le continent, peut seule régler les affaires du continent.

Il se présente encore une raison à l'appui de ce que j'ai déjà avancé, que le tems actuel est le meilleur que nous puissions choisir pour nous déclarer indépendans, c'est que moins nous sommes, plus il reste des terres vacantes, dont nous pouvons nous servir, non-seulement au paiement de la dette que nous aurons contractée, mais encore pour les dépenses du gouvernement, au lieu de laisser au roi la faculté d'en gratifier ses méprisables serviteurs ; aucune des nations que le soleil éclaire, ne jouit d'un tel avantage.

La foiblesse des colonies, bien loin d'être contraire à la cause de l'indépendance, plaide en sa faveur ; nous sommes assez nombreux, & si nous l'étions davantage, il pourroit se faire que nous fus-

E e

sions moins unis. C'est une chose digne de remarque, que plus un pays est peuplé, moins ses armées sont considérables ; elles l'étoient beaucoup plus dans l'antiquité qu'elles ne le sont chez les modernes, & la raison en est frappante : le commerce étant la suite de la population, les hommes s'y livrent avec trop d'ardeur pour s'occuper d'autre chose ; le commerce diminue le patriotisme & la bravoure, & l'histoire nous apprend assez que les plus vaillans exploits ont toujours illustré l'enfance des nations. En étendant son commerce, l'angleterre a perdu son énergie. La ville de londres, malgré son immense population, se soumet, avec la patience des lâches, à des insultes continuelles. Plus les hommes ont à perdre, moins ils sont disposés à risquer. Les riches, en général, sont esclaves de la crainte, & ils cèdent à la puissance des cours avec la duplicité timide d'un espagnol.

La jeunesse des nations, comme celle des individus, est la saison propre à semer les bonnes habitudes. Il seroit difficile, sinon tout-à-fait impossible, dans un demi-siècle, de donner un gouvernement à l'amérique. La confusion naîtroit de la diversité infinie d'intérêts occasionnée par l'accroissement du commerce & de la population. Les colonies seroient ennemies les unes des autres ; chacune d'elles, assez forte par elle-même, dédaigneroit l'assistance de ses rivales ; & tandis que les orgueilleux & les sots triompheroient de leurs distinctions, les sages gémiroient de ce que l'union n'auroit pas été formée plutôt. Le moment actuel est donc le vrai moment de l'établir. L'intimité que l'on contracte dans l'enfance, l'amitié qui est le fruit du malheur, sont les plus durables, les moins sujettes aux vicissitudes. Notre union présente est marquée à ces heureux caractères. Nous sommes jeunes, & nous avons été opprimés ; mais

notre concorde a empêché nos troubles , & présente
à la postérité une époque mémorable & glorieuse.

Le moment actuel nous offre aussi cette occasion que le ciel n'accorde qu'une fois à chaque
peuple , celle de se donner un gouvernement national. Beaucoup l'ont laissé échapper & se sont
mis par-là dans la nécessité de recevoir les loix
de leurs conquérans , au lieu d'en faire par eux-
mêmes. Ils commencèrent par avoir un roi ; ils
eurent ensuite une forme de gouvernement , tandis qu'il faut d'abord rédiger la chartre constitu-
tionnelle , & après cela charger des hommes de
veiller à son exécution. Mais que les erreurs des
autres nous rendent sages & nous enseignent à profiter de l'occasion qui se présente à nous de commencer notre gouvernement par où il faut le commencer.

Quand guillaume le conquérant subjugua l'angleterre , il lui donna des loix à la pointe de
l'épée ; & jusqu'à ce que nous ayons consenti à
voir le gouvernement fixé en amérique, occupé
d'une manière légale & fondé sur une autorité dé-
léguée par nous-mêmes , nous serons en danger de
le voir envahi par quelque brigand fortuné, qui
nous traîtera comme guillaume traita les anglais ,
& alors que deviendra notre liberté ? où sera notre
propriété ?

Pour ce qui regarde la religion , je crois que le
devoir indispensable de tout gouvernement est de
protéger tous ceux qui la professent suivant leur
conscience , & je ne vois pas qu'il ait autre chose
à faire à cet égard. Dépouillons-nous de cette pe-
titesse d'esprit, de cet égoïsme de principes, que
la lie de toutes les sectes a tant de peine à abjurer,
& nos craintes en ce genre seront bientôt dissipées.
Le soupçon est le partage des ames basses & le
poison de toute bonne société. Quant à moi, je

suis pleinement & sincèrement persuadé que la volonté du tout-puissant est qu'il y ait parmi nous une diversité d'opinions religieuses. Elle ouvre un champ plus vaste à notre bienveillance, en tant que nous sommes chrétiens. Si nous pensions tous de même, notre piété demeureroit sans épreuves. Dans ces généreux principes, j'envisage nos sectes diverses, distinguées par telle ou telle dénomination, comme les enfans d'une même famille, entre lesquels il n'y a d'autre différence que le nom de baptême.

J'ai donné plus haut des notions sur la convenance d'une chartre continentale (car ma hardiesse se borne à offrir de simples apperçus & non des plans arrêtés); je prends ici la liberté de revenir sur ce sujet, en observant qu'une chartre est un contrat solemnel, auquel tous prennent part, afin de soutenir les droits de chacun en ce qui concerne la religion, la liberté personnelle & la propriété. Les marchés solides & les bons comptes font les amis durables.

J'ai parlé aussi de la nécessité d'une représentation égale & nombreuse; & de tous les objets politiques, il n'y en a point qui soit plus digne de notre attention. Un petit nombre de représentans, sont des choses également dangereuses; le danger s'accroît, si la représentation est non-seulement restreinte, mais encore inégale. En voici un exemple : lorsque la pétition des sociétaires fut mise sous les yeux de l'assemblée de pensylvanie, il n'y avoit de présens que vingt-huit membres. Tous ceux du comté de bucks, au nombre de huit, votèrent contre elle, &, si sept des députés de chester avoient suivi leur exemple, toute cette province auroit été gouvernée par deux comtés ; or, elle est toujours exposée à ce péril. La démarche inexcusable et téméraire que fit cette assemblée dans sa première session pour acquérir une autorité illégitime sur les délégués de cette province, doit avertir la masse du peuple de prendre garde à la manière dont il remet son autorité en d'autres mains. On rassembla, pour les députés, un corps d'instruction qui, par sa déraison, eût couvert de honte un écolier ; &, d'après qu'un fort petit nombre de citoyens l'eût approuvé, il fut porté à l'assemblée, & passa comme *étant le vœu de toute la colonie*, tandis que, si toute la colonie savoit combien de mauvaise volonté l'assemblée a mis dans quelques opérations nécessaires, elle ne balanceroit pas un moment à regarder tous ses membres comme indignes de sa confiance.

La nécessité du moment fait adopter beaucoup de mesures qui dégénèreroient en oppression, si l'on continuoit d'en faire usage quand ce moment est passé. La convenance & la justice sont deux choses très-différentes. Lorsque les calamités de l'amérique exigoient une consultation, l'on ne trouva point de méthode plus prompte ou plus avantageuse que de choisir dans cette vue quelques membres de diverses assemblées provinciales, & la sagesse de leurs opinions a sauvé ce continent de sa ruine : mais comme il est plus que probable que nous auront toujours un Congrès, tous ceux qui aiment le bon ordre, seront obligés d'avouer que le mode d'élection de ses membres, mérite la plus sérieuse considération. Et je demande à ceux qui font leur étude du genre-humain si ce n'est pas cumuler sur les mêmes têtes de trop grands pouvoirs, que de ne pas séparer le titre d'électeurs de celui de représentans. Occupés d'un plan qui doit servir à la postérité, souvenons-nous que la vertu n'est pas héréditaire.

Souvent c'est de nos ennemis que nous apprenons d'excellentes maximes, & souvent leurs erreurs

nous rendent raisonnables sans que nous y pensions.
M. cornwal, un des lords de la trésorerie, traita
la pétition de l'assemblée de new-york avec mépris,
parce que, dit-il, cette assemblée n'étoit composée
que de vingt-six membres, d'où il concluoit qu'un
nombre aussi peu considérable ne pouvoit agir au
nom de la totalité des citoyens. Grâces lui soient
rendues pour son honnêteté involontaire. (1)

Pour finir, quelqu'étrange que ceci puisse sembler à quelques-uns, quelque peu disposés qu'ils
soient à penser de cette manière, ce n'est pas là
ce qui doit arrêter, mais on peut alléguer une foule
de raisons victorieuses & frappantes, pour prouver que rien n'est plus propre à arranger prompte-
ment nos affaires, que de nous déclarer indépendans sans crainte & sans détour. Voici quelques-
unes de ces raisons :

Premièrement, lorsque deux nations sont en
guerre, il est d'usage que d'autres puissances, étrangères à leur querelle, s'interposent afin de les mettre d'accord, & travaillent pour elles aux préliminaires de la paix. Or, tant que les américains se
diront sujets de la grande-bretagne, aucune puissance, quelque bien disposée qu'elle soit en notre
faveur, ne nous offrira sa médiation. Dans notre
position actuelle, nous sommes donc exposés à
des querelles interminables.

Secondement, il est déraisonnable de supposer
que la france ou l'espagne nous donnent le moindre secours, si nous ne prétendons en faire usage
que pour réparer la scission momentanée & forti-
fier l'union de l'angleterre & de l'amérique, attendu que les suites de cette opération seroient dom-
mageables à ces puissances.

Troisièmement, tant que nous nous disons sujets de

---

(1) Ceux qui sont curieux de savoir combien une représentation égale & nombreuse importe aux états, n'ont qu'à lire
les *recherches politiques* de burck.

la grande-bretagne, nous passons necessairement pour des rebelles aux yeux des autres nations. Leur tranquillité est compromise par ce spectacle de sujets en armes contre leur souverain reconnu par eux mêmes. Il est vrai que, sur les lieux, nous pouvons résoudre ce problême ; mais l'accord de la résistance & de l'état de sujets, est une idée beaucoup trop rafinée pour les esprits ordinaires.

Quatrièmement, si l'amérique publioit & faisoit passer aux différentes cours un manifeste dans lequel seroient exposés les maux que nous avons soufferts, & les efforts paisibles que nous avons tentés sans fruit pour obtenir du soulagement ; où nous déclarerions en même-tems que, ne pouvant plus vivre sous la tyrannie de la cour d'angleterre, nous avons été réduits à la nécessité de rompre toute liaison avec elle ; enfin où nous assurerions à toutes ces puissances nos dispositions paisibles à leur égard, & le desir que nous avons de commercer avec leurs sujets ; un pareil mémoire produiroit plus de bons effets pour ce continent qu'un vaisseau chargé de pétitions pour la grande-bretagne.

Sous notre domination présente de sujets de l'angleterre, nous ne pouvons ni être accueillis, ni même avoir audience en europe. L'usage de toutes les cours est contre nous, & demeurera tel jusqu'à ce que nous ayons pris rang avec les autres nations, en nous déclarant indépendans.

Ces démarches peuvent, à la première vue, sembler étranges & difficiles ; mais, comme toutes celles que nous avons deja faites, elles nous deviendront familières & agréables ; & jusqu'à ce que notre indépendance soit déclarée, l'amérique sera dans la position d'un homme qui remet de jour en jour une affaire déplaisante, est néanmoins persuadé qu'elle doit avoir lieu, crainte de s'en occuper, le desire, & ne cesse d'être assailli par l'idée de son indispensabilité.

Depuis la première édition de cette ouvrage , ou plutôt le jour qu'elle a paru, l'on a publié certain écrit, qui n'auroit pu être mis au jour dans une circonstance plus favorable , si l'esprit de prophétie eût présidé à sa composition ; les principes sanguinaires qui l'ont dicté prouvent combien il est nécessaire de suivre la doctrine que j'ai mise en avant. Les deux partis se lisent par manière de représailles , & le libelle en question , au lieu de nous inspirer de l'épouvante, n'a fait que préparer la voie aux mâles résolutions de l'indépendance.

Les égards & même le silence , quel que soit leur motif , entraînent des suites fâcheuses, lorsqu'ils donnent la moindre autorité à des écrits méprisables & criminels ; si l'on convient de cette maxime , il s'ensuit que la production dont il s'agit, méritoit & mérite encore l'exécration du congrès & de l'amérique entière : cependant comme la tranquillité domestique d'une nation dépend beaucoup de la pureté de ses mœurs générales , il vaut souvent mieux passer dédaigneusement certaines choses sous silence , que d'employer des méthodes nouvelles de désapprobation , capables d'altérer le moins du monde cette gardienne de notre repos & de notre sûreté. Peut-être si l'ouvrage dont je parle , n'a pas subi un châtiment public , en est-il redevable à cette prudence délicate. Ce n'est qu'un libelle audacieux contre la vérité , le bien public & l'existence du genre-humain , une méthode pompeuse d'offrir des hommes en sacrifice à l'orgueil des tyrans ; mais ce carnage général est un des privilèges de la royauté , une de ses conséquences nécessaires : car la nature ne connoissent pas les rois, ils ne la connoissant pas non plus , & quoique créés par nous-mêmes , ils ne nous connoissent pas , & sont devenus les dieux de ceux qui les ont faits ce qu'il sont. Cet écrit a cependant un mérite , c'est qu'il

u'est

n'est pas d'un genre à faire illusion ; nous aurions beau vouloir en être dupes, la chose seroit impossible, la brutalité & la tyrannie s'y montrent à découvert. Il ne nous laisse point dans l'embarras, & chaque ligne est propre à nous convaincre, dès la première lecture, que celui qui n'a d'autre subsistance que les animaux qu'il tue dans les bois, que l'indien nud & sans défense est moins sauvage qu'un tyran.

Sir john darymple, père putatif d'un ouvrage plaisant & jésuitique, fallacieusement intitulé : *Adresse du peuple anglais aux habitans de l'amérique*, supposant sans motif que les américains étoient hommes à se laisser effrayer par la description magnifique d'un roi, a peut-être assez imprudemment, j'en conviens, tracé le vrai caractère de celui qui occupe le trône de la grande-bretagne. » Mais, dit-il, si vous vous sentez du penchant à louer une administration, de laquelle nous ne nous plaignons pas (le ministère du marquis de rockingham, lors de l'abrogation de l'acte du timbre) c'est fort mal fait à vous de refuser vos louanges au monarque, dont le consentement seul, exprimé par un signe de tête, autorisoit la moindre de ses opérations. » Voilà du torisme, s'il en fût jamais, de l'idolâtrie sans voile ! quiconque a la force de digérer de sang froid une pareille doctrine, a perdu tous ses droits au titre de créature raisonnable ; il a apostasié l'humanité : il faut le regarder comme un individu, qui non-seulement a abjuré la dignité de son être, mais qui est tombé au-dessous de la classe des brutes, & qui se traîne honteusement sur la terre comme un reptile.

L'intérêt actuel de l'amérique est de pourvoir elle-même à ses propres affaires ; elle a déjà une famille jeune & nombreuse, son devoir est plutôt d'en prendre soin que de prodiguer ses ressources

F f

pour le soutien d'une autorité que la nature & le christianisme réprouvent également. Vous dont la fonction est de veiller sur la morale des peuples, quelle que soit votre croyance, & quelque nom que vous portiez, & vous qui êtes plus immédiatement les gardiens de la liberté publique ; si vous desirez maintenir votre pays natal à l'abri de la corruption de l'europe, vous dever former en secret des vœux pour son indépendance ; mais je laisse aux réflexions particulières ce qui est du ressort de la morale, & je borne mes nouvelles observations aux textes suivans :

1°. Il importe à l'amérique d'être séparée de la grande-bretagne.

2°. Quel est, du plan de la reconciliation & de celui de l'indépendance, le plus facile & le plus praticable ?

Je pourrois, à l'appui de la première proposition, si je le croyois à propos, alléguer l'opinion de quelques-uns des hommes les plus habilles & les plus expérimentés de ce continent, qui n'ont pas encore rendu leur sentimens publics à cet égard. Dans le fait, son évidence saute aux yeux ; car jamais nation, dépendante d'une puissance étrangère, limitée dans son commerce, enchaînée dans son autorité législative, ne peut atteindre une certaine supériorité. L'amérique ne sait pas encore ce que c'est que l'opulence, & bien que l'histoire n'offre rien qui puisse être mis en parallèle avec ses progrès, ce ne sont que les progrès de l'enfance, si on les compare avec ce qu'elle seroit en état de faire, si elle avoit entre ses mains, comme cela devroit être, la puissance législative. En ce moment, la grande-bretagne ambitionne ce qui ne lui seroit d'aucun avantage, si elle en venoit à bout, & l'amérique balance sur un parti qu'elle ne sauroit négliger, à moins de vouloir se perdre

sans retour. C'est le commerce avec l'amérique
& non sa conquête , qui sera utile à l'angleterre ,
& ce commerce continueroit d'avoir lieu jusqu'à
un certain point, quand bien même les deux états
ne dépendroient pas plus l'un de l'autre que la
france ne dépend de l'espagne , attendu que , pour
beaucoup d'articles , l'une & l'autre n'ont point de
meilleur débouché que leurs ports respectifs ; mais
il s'agit sur-tout & uniquement de l'indépendance
de l'amérique , à l'égard de l'angleterre , comme
de tout autre pays ; & ainsi que toutes les vérités
dont la découverte est le fruit de la nécessité , la
sagesse de cette mesure acquerra tous les jours
plus de force & d'évidence.

Premièrement, parce que tôt ou tard l'amérique
sera forcée d'en venir là.

Secondement, parce que plus nous différerons,
plus le succès entraînera de difficultés.

Je me suis souvent amusé, entre amis , ou dans
le monde , à noter en silence les erreurs spécieuses
des gens qui parlent sans réflexion ; de toutes celles que j'ai entendu soutenir, la plus générale paroît être que si la rupture de l'angleterre & des
colonies étoit arrivée quarante ou cinquante ans
plus tard, au-lieu d'arriver maintenant, celles-ci
auroient été plus en état de s'affranchir de leur
dépendance. À cela je réponds que les talens militaires dont nous pouvons nous glorifier à l'époque
où nous sommes, viennent de l'expérience que
nous avons acquise dans la dernière guerre, & que
dans quarante ou cinquante ans, il n'en subsiste-
roit plus de traces ; l'amérique n'auroit pas un général , pas même un seul officier, & nous & nos
enfans serions aussi ignorans dans la science mili-
taire que l'étoient les anciens indiens. Cette unique
assertion, bien discutée, prouvera d'une manière
incontestable, que le moment actuel est préférable à tout autre. Voici comment il faut raisonner :

à la fin de la dernièr guerre nous avions de l'expérience, mais peu de monde, & dans quarante
ou cinquante ans nous aurons des hommes & point
d'expérience ; ainsi le point à saisir doit être placé
entre ces deux extrêmes ; il faut une époque où un
degré suffisant d'expérience se trouve joint à un accroissement convenable de population, & cette époque est précisément l'époque actuelle.

Le lecteur pardonnera cette disgression qui est
un peu étrangère à ma première thèse ; j'y reviens
en disant que si nons faisons, tant bien que mal,
un arrangement avec l'angleterre, si elle demeure
en possession de la souveraineté de l'amérique
(ce qui, dans les circonstances présentes, implique une renonciation absolue à tous nos droits)
nous nous priverons nous-mêmes des moyens
d'amortir la dette que nous avons contractée
& que nous sommes sur le point de contracter. Les terres de l'intérieur dont nos provinces
sont clandestinement dépouillées, par l'injuste ex-
tension de limites du canada, à ne les évaluer que
sur le pied de cent livres sterling par centaine
d'acres, montent à plus de vingt-cinq millions de
la monnoie de pensylvanie, & les réserves sur le pied
d'un sou ster. par acre, à deux millions de revenu.

C'est la vente de ces terres qui subviendra, sans
lèser qui que ce soit, à l'extinction de la dette, tandis
que les réserves diminueront toujours, & finiront
par couvrir à elles seules les dépenses annuelles du
gouvernement. Peu importe combien de tems du-
rera le paiement de la dette, pourvu que l'argent
provenu de la vente des terres, soit appliqué à
son amortissement ; chaque congrès aura suc-
cessivement la direction de cette partie.

Je viens maintenant au second chef, savoir,
quel est du plan d'une réconciliation, ou de celui
de l'indépendance le plus facile & le plus praticable?

Celui qui prend la nature pour guide n'est pas

embarrassé de trouver des raisonnemens péremp-
toires ; sur ce principe , je réponds en général que
l'indépendancé ayant l'avantage de la simplicité ,
& ses moyens existant en nous-mêmes , tandis
que la réconciliation est une chose extrêmement
compliquée , sujette à l'entremise d'une cour perfide & capricieuse , la décision ne peut laisser
aucun doute.

L'état présent de l'amérique est vraîment fait pour
alarmer tout homme capable de réfléchir. Sans loix ,
sans gouvernement , sans autorité d'aucune autre
espèce que celle qui est fondé sur les égards , &
que les égards ont accordée , maintenue dans
son unité par un concours de sentimens qui n'a
point d'exemple , qui néamoins est sujet au changement , & que tous ses ennemis secrets s'efforcent
de détruire , nous pouvons définir notre position ,
une législation dépourvue de loix , une sagesse qui
n'est la suite d'aucun plan , une constitution qui
n'a point de terme pour en exprimer la nature est
chose bien surprenante ! l'indépendance la plus
illimitée qui cherche à reprendre des fers déjà rom-
pus. Il n'y a rien de tel dans l'histoire. Jamais peuple
ne s'est trouvé en de pareilles circonstances , &
quel homme assez hardi pour deviner à quoi elles
aboutiront ? Dans le systême que nous avons em-
brassé , la propriété de qui que ce soit n'est en
sûreté , les esprits de la multitude flottent au hasard ; & ne voyant point d'objet fixe devant eux ,
ils poursuivent les fantômes de l'imagination ou de
la partialité. Rien ne passe pour criminel ; les loix
sur la trahison ne sont point en vigueur ; de-là chacun se croit maître de faire ce qui lui plaît. Les
torys n'eussent pas osé s'assembler pour nous nuire ,
s'il avoient été prévenus que les loix de l'état pro-
nonçoient la peine de mort contre de pareils ras-
semblemens. Il faudroit tracer une ligne de dé-

marcation entre les soldats anglais faits prisonniers
en combattant, & les américains armés contre nous.
Les premiers sont de simples prisonniers, les autres
sont des traîtres. Les uns n'ont perdu que leur liberté ; la tête des autres est dévolue aux bourreaux.

En dépit de notre prudence, quelques-unes des
nos mesures sont infiniment entachées d'une foiblesse qui encourage les dissensions. L'alliance des
colonies est trop peu solide ; si nous ne faisons pas
quelque tentative pendant qu'il en est encore tems,
avant peu il sera trop tard pour en faire d'aucune
espèce, & nous tomberons dans un état, où les
projets de réconciliation & d'indépendance seront
également impraticables. L'administration & ses vils
adhérens sont retournés à leurs anciens artifices,
qui consistoient à diviser les colonies, & nous ne
manquons pas d'imprimeurs empressés de répandre
des faussetés spécieuses. La lettre hypocrite & pleine
d'art, qui parut, il y a quelques mois, dans deux
papiers de new-york, & que d'autres copièrent,
prouve démonstrativement qu'il y a des hommes
dépourvus soit de jugement, soit de probité.

Il est aisé de parler de réconciliation dans les
écrits & dans les journaux ; mais les apologistes
de cette mesure considèrent-ils sérieusement les
difficultés qu'elle entraîne, & les dangers dont elle
nous menace, si les opinions des colonies sont par-
tagées ? Leur coup-d'œil embrasse-t-il les différentes
classes d'hommes dont elle compromet les intérêts
& la situation aussi bien que la leur ? Se mettent-
ils à la place de l'infortuné qui a déjà tout perdu,
& du soldat qui a tout quitté pour défendre sa patrie ?
Si leur modération mal entendue n'est accom-
modée qu'à leur position particulière, sans égard
pour celle d'autrui, l'événement les convaincra qu'ils
auront compté sans leur hôte.

Mettez-nous, disent-ils, sur le pied où nous

étions en 1763. Je réponds qu'il n'est pas au pouvoir de la grande-bretagne de condescendre à ce
vœu, & qu'elle n'en fera pas la proposition ; mais
dans le cas contraire, & supposé qu'elle accordât
cette demande, que l'on me dise par quels moyens
on rendra cette cour mensongère & corrompue,
fidèle à ses engagemens? Un autre parlement, que
dis-je? Le parlement actuel peut les annuller sous
prétexte qu'ils ont été arrachés par force ou que
l'on a eu tort de les contracter ; & si cela arrive,
quel sera notre recours? Il ne s'agit pas de plai-
der entre nations ; les canons sont les légistes des
couronnes, & le glaive, non celui de la justice,
mais celui de la guerre, décide leurs querelles.
Pour nous retrouver comme nous étions en 1763,
il ne suffit pas que les loix soient remises au même
état, il faut qu'on y remette aussi nos propriétés,
que nos villes incendiées ou détruites soient réparées
ou rétablies, que nous soyons indemnisés de nos
pertes individuelles, que nos dettes publiques, con-
tractées pour la défense générale, soient acquittées ;
autrement nous serons dans un état un million de
fois pire que nous n'étions à cette époque digne
d'envie. Si l'on eût accordé cette demande il y a un
an, la grande-bretagne se seroit concilié l'affection
de tous les américains ; mais à présent, il est trop
tard, nous avons passé le rubicon.

De plus il paroît aussi contradictoire avec les
loix divines, & les sentimens de l'humanité, de
prendre les armes dans la seule vue de nécessiter
l'abrogation d'un acte fiscal, qu'il l'est de prendre
les armes pour exiger que l'on s'y soumette : des
deux côtés, l'objet ne justifie pas les moyens ;
la vie des hommes est d'un trop grand prix pour
qu'on la prostitue à de semblables bagatelles. Ce
qui, aux yeux de la conciience, autorise l'usage de
nos forces, c'est la violence que nous avons souf-

ferte, & dont on nous a menacés, la destruction
de nos propriétés par des soldats, l'invasion de
notre patrie exécutée avec le fer & le feu ; & le
moment où nous avons été contraints d'employer
ce mode de défense, a dû nous affranchir de toute
sujétion à l'égard de la grande-bretagne. L'indépendance de l'amérique a dû dater son origine & sa proclamation du premier coup de fusil tiré contre ses
habitans. Cette ligne de séparation est tracée par
l'équité ; ce n'est point le caprice ou l'ambition
qu'il faut en accuser ; elle est le fruit d'une chaîne
d'évènemens, qui ne sont point arrivés par la faute
des colonies.

Je terminerai ces observations par quelques aper-
çus bien intentionnés & analogues aux circonstances.
Nous devons réfléchir qu'il y a trois manières différentes de nous rendre indépendans, & que, tôt
ou tard, l'une d'elles décidera le sort de l'amérique :
le vœu légal du peuple, énoncé par le congrès,
le droit des armes, une insurrection de la multitude.
Or, il peut arriver que nos soldats ne soient pas
toujours citoyens, & que la multitude ne soit pas
composée d'hommes raisonnables. La vertu, ainsi
que je l'ai remarqué plus haut, n'est point héréditaire ; elle n'est pas même constante chez les mêmes
individus. Si nous devenons indépendans par le
premier de ces moyens, nous avons toutes les faci-
lités, tous les encouragemens possibles de former
la constitution la plus pure & la plus noble qui
ait existé sur la terre. Il ne tient qu'à nous de revenir aux premiers âges du monde. On n'a pas vu,
depuis noé, de peuple dans une pareille situation.
La naissance d'un nouvel univers est proche, & ce
qui se passera sous peu de mois réglera la portion
de liberté que doit attendre une race d'hommes,
peut-être aussi nombreuse que toute la population
de l'europe Quelle imposante réflexion ! Et sous

ce

ce point de vue , combien les petites ruses de quelques particuliers intéressés ou foibles , paroissent insignifiantes & ridicules, lorsqu'on les met en balance avec le destin d'une partie du globe!

Si nous avons l'imprudence de négliger cette occasion favorable & séduisante, & que par la suite, d'autres moyens effectuent notre indépendance , nous répondrons des suites , ou plutôt ils en répondront à jamais, ceux dont l'ame étroite & obscurcie par les préjugés, a pris l'habitude de combattre ce parti, sans examen & sans réflexion. Certaines raisons militent en sa faveur, que bien des gens approuvent intérieurement, & dont ils n'osent parler en public. Il ne s'agit pas maintenant de discuter si nous serons indépendans ou non ; il s'agit de fonder notre indépendance sur une base solide & glorieuse, & de regretter de ne l'avoir pas fait plutôt. Chaque jour nous démontre la nécessité de cette résolution. Les torys eux-mêmes, s'il se trouve encore parmi nous de ces êtres méprisables, devroient être les plus ardens à nous y exciter. Car, de même que la création des comités les sauva d'abord de la rage populaire, ainsi une forme de gouvernement sage & bien établie sera l'unique garant de leur sûreté à venir : par conséquent, s'ils n'ont pas assez de vertu pour être whigs, ils doivent avoir assez de prudence pour desirer que nous nous déclarions indépendans.

En un mot, l'indépendance est le seul lien qui soit capable de maintenir l'union des colonies. Nous verrons distinctement notre but, & nos oreilles seront légalement fermées aux projets d'un ennemi aussi intrigant que barbare. Nous serons en même-tems sur un pied convenable pour traiter avec la grande-bretagne ; car il y a lieu de croire que l'orgueil de cette cour sera moins choquée de traiter de la paix avec les états de l'amérique , que de

Gg

traiter d'un accommodement avec des hommes qu'elle qualifie de sujets révoltés. Ce sont nos délais qui l'encouragent à se flatter de nous conquérir, & notre timidité ne sert qu'à prolonger la guerre. Ainsi que nous avons, sans en recueillir beaucóup de fruit, interrompu notre commerce eu vue d'obtenir le redressement de nos griefs, essayons maintenant de les redresser nous-mêmes par notre indépendance, & offrons alors de rendre au commerce sa première activité. Tous les négocians, tous les anglais raisonnables seront encore pour nous, attendu que la paix avec le commerce est préférable à la guerre sans commerce ; & si leurs offres ne sont pas acceptées, nous pourrons nous adresser à d'autres cours.

Ces principes posés, j'abandonne cette discussion ; & comme on n'a pas encore entrepris de réfuter la doctrine contenue dans les premières éditions, de ce pamphlet, c'est une preuve négative ou quelle n'est pas de nature à être réfutée, ou que le parti qui la favorise est trop nombreux pour qu'on ose lui tenir tête. Ainsi, au-lieu de nous regarder les uns les autres avec une curiosité inquiète ou soupçonneuse, que chacun de nous serre amicalement la main de son voisin & concoure à tracer une ligne en deçà de laquelle il ne subsiste plus aucun vestige des anciennes dissentions. Que les noms de whig & de tory soient effacés pour jamais ; qu'il n'y ait plus parmi nous d'autres dénominations que celles de bons citoyens, d'amis francs & déterminés, de vertueux défenseurs des Droits de l'Homme et des États libres et indépendans de l'Amérique.

Aux représentans de la société religieuse *des* Quakers, *ou plutôt à toutes les personnes de cette croyance qui ont eu part à la publication de l'écrit intitulé* : Nouvelle exposition des principes des quakers relativement au roi & au gouvernement, & touchant les troubles actuels de l'amérique, adressée à la généralité du peuple.

L'auteur de ce qu'on va lire est du petit nombre de ceux qui ne déshonorent jamais la religion en jetant du ridicule ou en chicanant sur les dénominations quelconques. Dans ce qui regarde la croyance, nous ne devons des comptes qu'à dieu seul ; nous n'en devons point aux hommes. Cette lettre ne vous est donc point adressée comme à une société religieuse, mais comme à un corps politique qui s'ingère dans une discussion à laquelle vous demeureriez étrangers, si vous étiez fidèles aux principes de quiétude dont vous faites profession.

Comme vous vous êtes mis, sans y être aucunement autorisés, à la place de toute la société des quakers, pour être avec vous sur un pied d'égalité, je me vois contraint de me mettre à la place de tous ceux qui approuvent les écrits & les principes contre lesquels vous vous élevez. Je choisis même exprès cette situation singulière, pour que vous soyez plus frappés d'un excès de témérité sur lequel vous vous faites illusion par rapport à vous-mêmes. Car ni vous, ni moi, n'avons de titre au personnage de représentans politiques.

Quand les hommes ont quitté le bon chemin, il n'est pas surprenant qu'ils continuent de s'égarer. Or d'après la manière dont vous avez rédigé votre adresse, il est évident que, réunis pour vous livrer aux matières religieuses, vous êtes bien foibles en politique. Quelque bien adaptés que vous paroissent vos raisonnemens, ils ne présentent qu'un

absurde assemblage de bon & de mauvais , & la conclusion que vous en tirez est aussi peu naturelle
qu'elle est injuste.

Nous vous passons vos deux premières pages
qui forment plus de la moitié de votre adresse
(& nous attendons de vous la même politesse)
vu que l'amour & le desir de la paix ne sont
pas exclusivement réservés aux quakers : c'est le
vœu que la nature & la religion mettent dans le
cœur de tous les hommes , Sur ce principe travail-
lant à établir une constitution indépendante , nous
n'avons point de rivaux dans notre but & dans
nos espérances : notre plan est fondé sur une paix
éternelle. Nous sommes las de disputer avec la
grande-bretagne , & nous ne voyons de terme à
nos querelles que dans une séparation définitive.
Nous agissons conséquemment , parce que nous
endurons les maux & les souffrances du moment,
pour arriver à une paix qui n'aura ni fin , ni interruption. Nos efforts ont & auront constamment
pour objet de dissoudre une liaison qui a rougi de
sang nos campagnes , & qui , aussi long-temps qu'il
en subsistera le moindre vestige , ne cessera d'être
nuisible à l'amérique & à l'angleterre.

Nous ne combattons ni par vengeance , ni par
esprit de conquête , ni par orgueil , ni par ressentiment; nous n'insultons point l'univers en y pro-
menant nos flottes & nos armées ; nous ne rava-
geons point le globe dans l'intention de nous en-
richir de ses dépouilles. On nous attaque à l'ombre de nos vignes : on nous traite avec violence
dans nos propres maisons & sur notre territoire :
nos ennemis se présentent à nous comme des vo-
leurs de grand chemin & des brigands. Ne pouvant invoquer la loi pour nous défendre contre
leurs attentats, nous sommes obligés de les punir
par la voie des armes , & d'employer l'épée dans

les mêmes circonstances où vous-mêmes vous
avez employé la corde. Peut-être nous partageons
la douleur de ceux que l'on a ruinés & insultés
dans tout le continent, avec un dégré de sensibilité qui ne s'est point encore manifesté dans le
cœur de quelques-uns d'entre vous. Mais êtes-vous
bien sûrs de ne pas vous méprendre sur la cause
& sur les principes qui ont dicté votre profession
de foi politique? Ne donnez pas à l'indifférence
le nom de religion, & ne mettez pas l'hypocrite à
la place du chrétien.

La partialité vous fait trahir les maximes qui
sont la base de votre croyance. Si c'est pécher que
d'être en armes, on doit pécher bien davantage
en commençant la guerre; la proportion est la
même que celle d'une attaque volontaire & d'une
défense inévitable. Si donc vous prêchez conformément aux inspirations de votre conscience, si
votre projet n'est pas de faire de votre religion un
jouet politique, donnez-en la preuve, en adres-
sant votre doctrine à nos ennemis, car ils sont en
armes aussi bien que nous. Donnez-nous une mar-
que de votre sincérité, en la prêchant dans le palais de saint-james, devant les commandans en chef
de boston, à tous les amiraux, à tous les capitaines qui ravagent nos côtes en véritables pirates,
enfin à toute la horde sanguinaire qui agit sous
l'autorité du monarque que vous faites profession
de servir. Si vous aviez la noble franchise de
barclay, (1) vous l'exhorteriez au repentir, vous

_____

(1) « Tu as goûté de l'adversité & de la prospérité. Tu sais
ce que c'est que d'être banni de ton pays natal, d'être dominé
comme de dominer, de siéger sur le trône & d'être en butte à
l'oppression. Tu as appris combien les oppresseurs sont exécra-
bles aux yeux de Dieu & des hommes. Si, après tous ces aver-
tissemens, tu ne reviens pas de toute ton ame au Seigneur, si tu
oublies ce Dieu qui s'est souvenu de toi dans ta détresse, &

lui montreriez ses fautes, vous l'avertiriez du malheur éternel qui le menace. Vous ne réserveriez
pas vos invectives partiales à vos frères outragés
& souffrans ; mais, comme de fidèles ministres de la
parole divine, vous éleveriez la voix & n'épar-
gneriez personne. Ne dites pas que vous êtes persécutés, ne vous efforcez point de faire tomber
sur nous le blâme de cette persécution que vous
cherchez ; car nous attestons au genre-humain, que
si nous nous plaignons de vous, ce n'est pas parce
que vous êtes quakers, mais parce vous prétendez l'être & que vous ne l'êtes pas.

Hélas ! il semble, à voir le but de quelques-unes
de vos propositions & certains traits de votre conduite, que vous réduisiez le péché au seul acte de
porter les armes, & encore, qu'il n'y ait que le
peuple sur qui porte cette décision. Vous paroissez
avoir pris la voix des factions pour celle de la
conscience, parce que la teneur générale de vos
actions manque d'uniformité ; aussi ne pouvons-
nous ajouter foi, sans beaucoup de peine, à vos
prétendus scrupules, voyant qu'ils sont allégués
par les mêmes hommes qui, à l'instant où ils se
récrient contre la *Mammone*, poursuivent leur profit avec *toute l'agilité du tems & la voracité de la*
mort.

Le passage que vous citez du livre des prover-
bes, savoir que « quand la conduite d'un homme
plaît au seigneur, il force ses ennemis même d'être
en paix avec lui, » ne pouvoit être plus mal choisi, puisqu'il prouve que le monarque, pour qui

que tu t'adonne au plaisir & à la vanité, ta condamnation sera
terrible. Le meilleur remède qui puisse te préserver de ce péril
& des insinuations de ceux qui voudront t'engager au mal,
est d'avoir les yeux fixés sur cette lumière de J. C., qui brille
dans ta conscience, qui ne peut ni ne veut te flatter, & ne
souffrira pas que tu sois en repos dans le sein du péché ».
Adresse de barclay à charles II.

vous témoignez tant de zèle , ne plaît point au seigneur ; autrement son règne seroit paisible.

Je viens maintenant à la dernière partie de votre
adresse , à celle dont tout le reste semble former
l'introduction. « Nous avons toujours eu pour principe , dites-vous , puisque nous sommes appelés à
mettre en évidence la lumière du christ , mani-
festée dans nos consciences jusqu'à ce jour , qu'il
appartient à dieu seul d'élever & de renverser les
rois & le gouvernement , pour des raisons qui lui
sont mieux connues qu'à nous autres hommes ; que
nous ne devons pas nous immiscer dans ces révo-
lutions , nous inquiéter de notre sort , & encore
moins comploter la ruine des pouvoirs subsistans ,
mais prier pour le roi , pour la sûreté de la nation , & pour le bien de tous nos semblables ; enfin , que nous pouvons mener une vie tranquille &
vertueuse sous quelque gouvernement que le ciel
ait jugé à propos de nous placer. » Si réellement
ce sont là vos principes , que ne vous y confor-
mez-vous ? Que ne laissez-vous à dieu le soin de
faire tout seul ce que vous prétendez n'appartenir
qu'à lui ? Ces mêmes principes vous enseignent à
attendre avec patience & humilité l'événement des
mesures nationales , & à vous y soumettre comme
à la volonté divine. Que sert votre profession de
foi politique , si vous croyez ce qu'elle renferme ?
vous avez prouvé en la mettant au jour , ou que
vous ne croyez point ce que vous faites profession
de croire , ou que vous n'avez pas assez de vertu
pour pratiquer ce que vous croyez.

Les principes de quakerisme tendent directement à faire de quiconque les adopte , un sujet
paisible , sous quelque gouvernement qu'il ait à
vivre ; & si dieu s'est réservé la prérogative d'élever
& de renverser les rois & les gouvernemens , à
coup sûr il ne permet pas que nous le dépouillons

de ce droit. Ainsi votre principe même vous conduit à approuver tout ce qui s'est passé & tout ce qui se passera encore à l'égard des rois ; olivier cromwel vous remercie. Selon vous, charles premier ne mourut point par la main des hommes ; & si jamais pareille fin termine les jours de son orgueilleux imitateur , ceux qui ont rédigé votre adresse seront forcés par leur propre doctrine , d'applaudir à cette catastrophe. Ce n'est point par des miracles que les rois sont détrônés ; il n'entre que des moyens simples & humains , tels que nous en employons , dans les altérations que subissent les gouvernemens. La dispersion même des juifs , quoique le sauveur l'eût prédite , s'effectua par la voie des armes. Par conséquent, si vous refusez votre secours à l'un des partis , vous ne devez pas vous mêler des intérêts de l'autre ; votre devoir est d'attendre en silence ce qui arrivera , & à moins que vous ne soyez en état de produire une autorité divine , pour prouver que le tout-puissant, qui a placé ce nouveau monde aussi loin qu'il l'a pu de toutes les contrées de l'ancien, n'approuve pas qu'il soit indépendant de la cour vicieuse & corrompue de la grande-bretagne ; à moins, dis-je , que vous n'ayez ce titre à nous opposer , comment pouvez-vous justifier , d'après vos maximes, le langage incendiaire par lequel vous excitez le peuple « à se liguer fortement dans la haine des écrits & des mesures qui annoncent évidemment le desir & le projet de rompre les heureux liens qui nous ont unis jusqu'à ce jour avec l'angleterre , ainsi que la subordination juste & nécessaire que nous devons au roi & aux dépositaires légaux de son autorité. » Quoi ! les mêmes hommes , qui deux lignes plus haut résignoient passivement à l'être-suprême l'ordre, les changemens & la disposition des rois & des gouvernemens ,

reviennent

reviennent ici sur leurs principes, & veulent y prendre part ! Est-il possible que cette conclusion suive la doctrine exposée dans le même ouvrage ? l'inconséquence est trop frappante pour n'être pas remarquée ; l'absurdité trop grande pour ne pas exciter le rire. Au surplus , c'est tout ce que l'on pouvoit attendre d'une association d'hommes aveuglés par les sombres préjugés d'un parti aux abois ; car on ne doit pas vous regarder comme parlant au nom de toute la société de quakers, mais seulement comme une fraction remuante de ce corps digne d'estime.

Ici finit l'examen de votre profession de foi. Je n'engage personne à l'abhorrer (comme vous avez fait pour les écrits que vous n'approuvez pas), mais à la lire & à la juger sans prévention. Je veux cependant ajouter encore une remarque. L'expression d'*élever & de renverser les rois* , signifie sans doute faire un roi de l'homme qui ne l'est pas , & ôter ce titre à celui qui le possède ; & , je vous prie, cela a-t-il le moindre rapport avec les circonstances où nous nous trouvons ? notre dessein n'est pas plus d'élever que de renverser des rois, d'en élire que de les détruire : tout ce que nous demandons est de n'avoir rien à démêler avec eux. Ainsi, votre profession de foi, sous quelque point de vue qu'on l'envisage , ne sert qu'à deshonorer votre jugement ; & , pour plusieurs raisons, vous eussiez mieux fait de la garder pour vous que de la publier.

Premièrement , parce qu'elle tend à compromettre la religion & à diminuer son empire ; car il est infiniment dangereux pour la société de lui faire jouer un rôle dans les controverses politiques.

Secondement , parce qu'elle présente, comme approuvant les professions de foi politiques ou comme y prenant intérêt, une société d'hommes parmi lesquels il s'en trouve beaucoup qui ne sont point d'avis de publier ainsi leurs sentimens.

- Troisièmement, parce qu'elle tend à détruire cette harmonie, cette union de nos provinces que vous-mêmes avez concouru à établir par vos contributions généreuses, & qu'il importe infiniment de maintenir, à tous tant que nous sommes.

Sur ce, je vous dis adieu sans colère ni ressentiment. Puissiez-vous (tels sont les desirs que je forme dans la sincérité de mon cœur) en votre double qualité d'hommes & de chrétiens, jouir pleinement & sans interruption de tous les droits civils & religieux, & contribuer à votre tour, à les garantir aux autres ! Mais puisse en même-temps l'exemple si imprudemment donné par vous, de mêler la politique & la religion, encourir le désaveu & la réprobation de tous les habitans de l'amérique !

F I N.

www.ingramcontent.com/pod-product-compliance
Lightning Source LLC
Chambersburg PA
CBHW070910280326
41934CB00008B/1656